中国・アジア企業

外資・外国人への税務支援入門

税理士・行政書士
森村 元 著

税務経理協会

はじめに

2020年に発生したコロナ禍により国際ビジネスを取り巻く環境は激変し，かつてない局面を迎えることとなりました。コロナ前まで日本政府が推進していたインバウンドビジネスは，海外との往来が著しく制限され，従前とは真逆の影響を受けることになり，外部環境は大きく変化することとなりました。

一方で，こうした大きな制限がある中でも国境を越えたビジネスは脈々と続けられており，特に，日本に法人を設立した外資系企業等は，WEB等のツールの活用や，既に日本に在住している外国人の活用等，代替手段を駆使しながら，ビジネスを拡大していく傾向が見られました。こういった「とにかく前に進んでいく」という外資企業の姿勢とエネルギーには，筆者も半ば圧倒されるとともに，国際ビジネスの新しい形を見る思いがしています。

こういった「制限下でも国際ビジネスを継続する」という動きは，我々のような税理士にとって福音でもあります。コロナ禍でも日本に設立された外資系法人などは，業務をあきらめることなく日本でのビジネスを続け，また，現在では日本に定住する外国人や，日本人の海外在住経験者も多く日本に在住しており，海外との往来ができない中でもそうした人材を活用して，インバウンドビジネスを継続する動きが顕著にみられます。

そういった中，我々のような「日本に根を張って活動をしていく海外対応のできる専門家」のニーズは一定数あり，国際ビジネスはどんな環境下でも今後も脈々と続いていく経済活動であると改めて感じています。首尾よくコロナが終息した際には，インバウンドだけでなく，現在の状況にプラスして海外と往来しての業務もできるようになるため，より大きな可能性があり，現在の環境はそういった終息後における国際ビジネスの下地になるのではと考えています（私も直接お会いしたことがないお客様の外国親会社の担当者が数多くいますが，往来が自由になり直接会って交流ができる日を今から楽しみにしています）。

本書は，そういった環境下で，日本にいる税理士が本国からある種切り離された環境でビジネスを続ける外資企業について，どういった支援ができるか？　また，そのポイントやコミュニケーションギャップが，どういったところにあるかについて，筆者の経験から得た実情を踏まえ，税経通信に全15回連載した原稿を，単行本発行用に大幅に加筆，修正したものです。

なお，本著の執筆にあたっては，外国人の在留資格関係では行政書士の古谷優子先生に御指導をいただき，中国語の翻訳は弊社スタッフの元賢玉さんのお力をお借りしました。また，税務経理協会の小林規明氏には税経通信の連載の時から，本書単行本の発行まで，企画，編集まで大変お世話になりました。さらに，日々の業務で，たくさんの提携をさせていただいている先生方，弊社に業務を御依頼いただいているお客様，弊社スタッフの皆さん，友人に御指導，御交流をいただいており，本著はそういった皆様のおかげで作成できたものと思っています。この場を借りてお世話になりました皆様方に心より感謝を申し上げます。ありがとうございました。

本書が読者の皆様の国際関係業務の一助やちょっとした息抜き，楽しみとなることを心より祈念しております。

2022年3月

森村国際会計グループ

代表　税理士・行政書士

森村　元

目　　次

第7章 税務基本情報の確認 103

第1章 海外ビジネスの一般化

1　日本企業の進出と外国企業の投資海外ビジネスの変遷

ここ20年ほど，日本の中小企業の国際化は著しいものがあります。競争の激化にともない，中小企業でも海外に拠点を持つ企業や，国際取引を行う企業が大幅に増加しました。その結果，税務の世界においてもかつては特殊分野と認識されていた国際税務もかなり一般化した感があります（国際税務調査も一般化してしまったのかもしれませんが……）。

筆者自身，出身地の大阪で「税理士として海外で仕事をしたい」という希望を持って仕事をしていた20代の頃は，ある種異端者のように周囲の会計人から見られていた部分がありました。しかし，その後中国に５年駐在し，30代後半から東京で勤務をしてみると，駐在経験を持つ会計人も増え，国際税務を売りにする会計事務所もかなり増加しているのを感じました（ただ，面白いのは，そのバックグラウンドや得意とする業務範囲は様々であり，一言に国際税務といっても内実は大きく異なるという点です）。また，税理士会のような比較的コンサバティブと思われる組織などでも国際税務の重要性がある程度説かれるようになり，時代の空気が変わったという点を感じています。

ただ，個人的に顕著に感じる最近の傾向としては，日本企業の海外進出，国際取引，いわゆるアウトバウンドビジネスもさることながら，さらに状況は一歩進んで，外国企業，外国人の日本への進出，いわゆるインバウンドビジネスが急増しているという面を強く感じています。

図表１-１　日本における国際ビジネスの変遷

時　期	日本における国際ビジネスの状況
20年前 （1990年代～2000年代前半頃まで）	大手を中心に海外での事業活動
10年前 （2000年代後半～2014年頃）	中小企業の海外進出が増加
現　在	中小企業の海外進出は一般化し，外国企業の日本進出が増加

個人的経験から大雑把にいうと，図１－１のような傾向にあるように感じています。現在は，中小企業の海外進出も一般化し，また，日本の政策的なインバウンド誘致と，円安誘導，アジア諸国の経済力の増大などの背景もあり，外国企業の日本へのインバウンドが急増していたというのが筆者の実感です。

2　ビジネス環境の変遷と税理士の関与範囲

日本の製造業の製造機能の海外移転により，日本の産業の空洞化が叫ばれて久しいですが，これを税理士業務との関わりで考えると，製造機能が国内にあった時代には中小企業の工場なども個人税理士の関与範囲として大きな業務であったのが，「海外子会社」という形で海外に移転してしまったことにより，税理士の業務も海外に移転してしまったということができるのではないでしょうか。

この場合，製造機能について，従来日本の税理士が関与していた部分は，当たり前ですが海外現地の会計事務所にとって代わられたことになります。もちろん海外の会計事務所だけでは，日本親会社のマネジメントがうまくいかない部分もあるため，現地へ進出している日系の会計事務所の支援を仰ぐ場合もあります（筆者の前職もこういった海外現地対応型の日系会計事務所でした）。ただ，そういった対応をしている事務所は一部であり，大枠では，個

図表1-2　日本企業の製造機能の海外移転と税理士業務

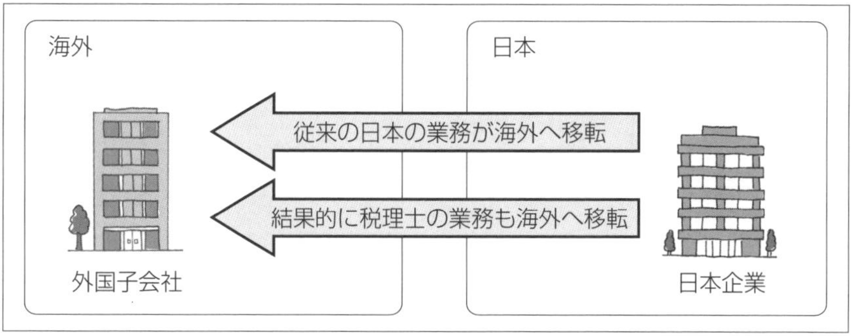

人税理士にとって大きなボリュームのある業務であった日本の製造機能の会計税務支援業務は，海外の現地会計事務所の仕事となってしまったということです。

以前，雑誌で，製造業は経済への波及効果が大きく，かつての日本の工場等は周辺の飲食店や消費など，近くの経済を支えていたという記事を読んだことがありますが，税理士もその国内製造機能の恩恵を受けていた一つの業種であり，海外移転により仕事を失った一業種という見方もできます。逆に，進出を受け入れた海外現地の会計事務所にとっては，ビジネスチャンスの到来ということでしょう。

それに対して，外国企業の日本進出であるインバウンドビジネスについてはどうでしょうか。これは，当たり前ですが，従来日本になかった企業が日本にやってきて，新たに日本でビジネスをするというものです。ゆえに，先ほどの図にすると，図1－3のような形になります。

外国企業の場合には，日本企業の製造機能の海外移転のように，従来外国にあった機能を移転させてきているわけではありませんが，日本に子会社を設立すれば，必ず日本の税理士が必要となるため，日本の税理士にビジネスチャンスがあることになります。また，筆者は経済学の専門家ではないため，浅はかな素人考察で恐縮ですが，マクロ的にみると日本の経済成長率は低いといえども，GDP自体は一貫して増加しているようです。そうすると，市場の総額でみれば，そこまで税理士業務市場が先細りになってるということ

図表1-3　外国企業のインバウンドビジネスと日本の税理士

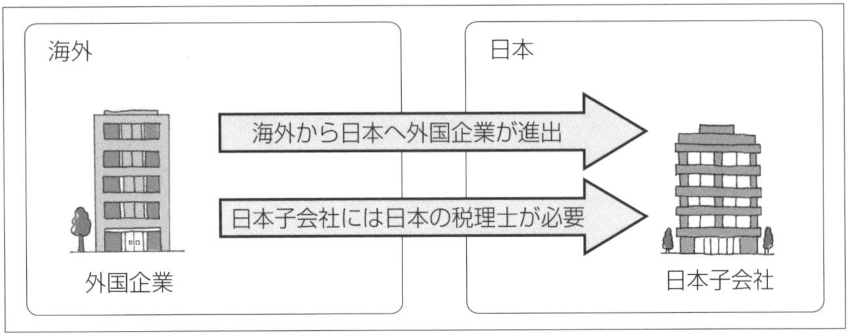

はないはずですが，大企業への集中と中小企業の淘汰など「GDPの内訳が変わっている」ことにより，マクロの数値以上に「税理士業務市場の縮小」というものが起こっているのではと思料します。

海外関係業務についても同様で，企業の申告件数や納税額自体は増加傾向にあるのに，税理士業務市場が縮小しているように感じるのは，税理士業務の中でもどこか特定の市場は伸びていて，従来メインであった業務の市場が縮小しているということかもしれません。そういった面を考えると，外国企業，外国人のインバウンド関係業務というのは，苦労は多くても取り組みがいのある市場といえるでしょう。

3　インバウンドビジネスでの外資企業による実際利益の獲得

ここ数年国策もあって盛り上がってきたインバウンドビジネス市場は，結果的には進出してきたインバウンド企業に対してサービスをする，外国系の企業にビジネスチャンスの多くの部分をとられてしまっているという部分があるようです。実際，税理士業務以外では，従来に比べ大幅に広がったインバウンド市場の利益を，結局のところ日本に進出してきた外国系企業が取り込んでしまい，日本企業が利益を獲得できていないという指摘もあります。

一方で，上記のような通常のビジネスに比して，税務申告業務については，

図表１-４　インバウンド市場のイメージ図

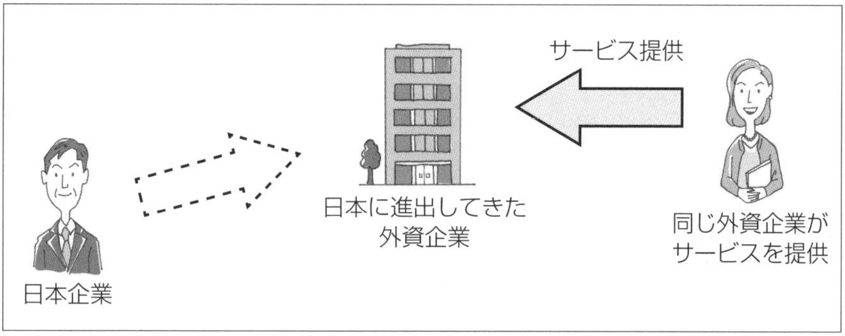

よくも悪くも日本の税理士の独占業務であり，かつ，日本の税法への習熟が必須で，日本語対応のみの税務署との円滑なコミュニケーションが必須であることから，確実に日本の税理士が必要とされる業務といえます。また，日本の税法に疎い外資系企業に対し，適正に申告，納税をさせ，日本の経済の中での枠組みに載せていくという，社会的意義もあります。

図表１-５　外資企業への適正な納税の推進

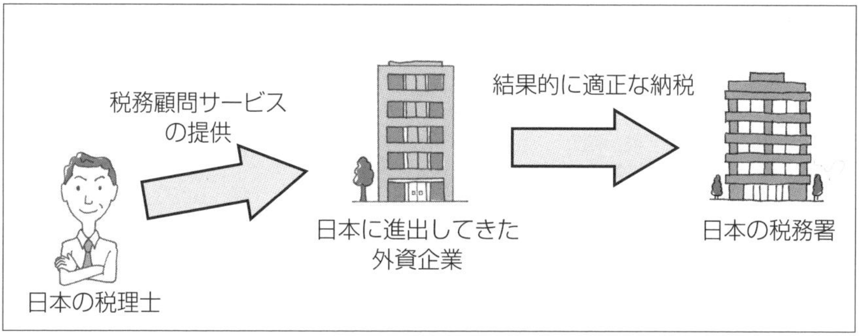

上記を考えると，外資，外国人の税務業務は苦労の多い業務ではありますが，税理士業としても大きな可能性があり，かつ，社会にも貢献できる業務といえるのではないでしょうか。

4　実務面の苦労

インバウンドビジネスと税理士業務の全体的な背景は以上として，実際の実務面におけるポイントを述べていきます。まず，アウトバウンド，インバウンドにかかわらず，海外業務で最も大きな留意点は「コミュニケーションにとにかく時間がかかる」ということでしょう。

日本人専門家と外国人専門家で会計人同士の話をしても，間に通訳を挟むと，通訳が会計税務の専門用語になれていない限り，コミュニケーションが困難を極めます。例えるなら日本人の税理士同士の会話に，間に中学生を挟んで伝言ゲームをするようなイメージです。

図1-6のような形でコミュニケーションをとることになり，悪意がなくても，相当な工夫をしなければ伝わらないのはイメージいただけると思います。そのため，2倍，3倍時間がかかるのは覚悟の上で，図や絵を描く，違う言葉で言い直す，言葉の定義から説明するなど，コミュニケーションの質を高めるためのあらゆる工夫が必要となります。

図表1-6　外国人との専門的コミュニケーション

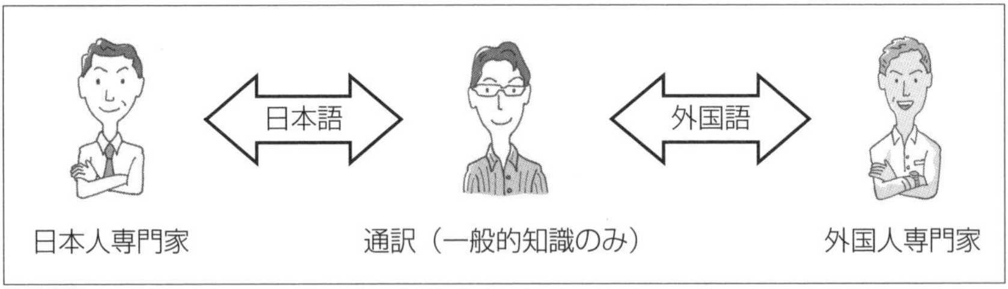

それでは，実際に苦労したコミュニケーションの上，うまく顧客に理解してもらえ，かつ，お互いの国の税務知識の前提が異なる点がポイントとなった事例を紹介します。

5　事例　消費税納税義務の説明の苦労（枝葉末節より論理性）

① 顧客

外国人個人で日本に賃貸用不動産（事業用）を複数所有

本年，賃貸用不動産の一部を譲渡（売却価額5,000万円）

② 年間賃貸料収入

1,000万円以下

③ 消費税

日本での事業開始以来，課税売上高が1,000万円以下であったため，一貫して免税事業者であった。

④ 依頼事項

譲渡所得の申告と他に注意点があれば教えてほしい。

⑤ ポイント

(1) 所得税関係

譲渡所得及び譲渡所得税に関する説明

(2) 消費税関係

同時に，本年の消費税は免税であるが，本年の事業用不動産の譲渡が消費税課税売上に該当するため，翌々期の課税期間には消費税納税義務者となる点，翌々期にも事業用資産の譲渡をした場合，大きな消費税納税負担が生じる点及び翌期以降大規模投資などがある場合は，課税事業者を選択する方が有利になる可能性について説明しなければならない。

上記のような相談事例がありました。当該外国人顧客は個人ですが，本国では上場企業のベテラン社員で，会計の専門家ではないものの全般的なビジネス知識があり，理解力のある方でした。さて，この状況で筆者は時に通訳を介し，時に直接外国語を使って懸命に上記のポイントを説明するわけです。その際には，譲渡所得と税金に関しては，どこの国でも共通の理屈であるので簡単に理解してもらえました。

図表1-7 譲渡所得税に関する説明

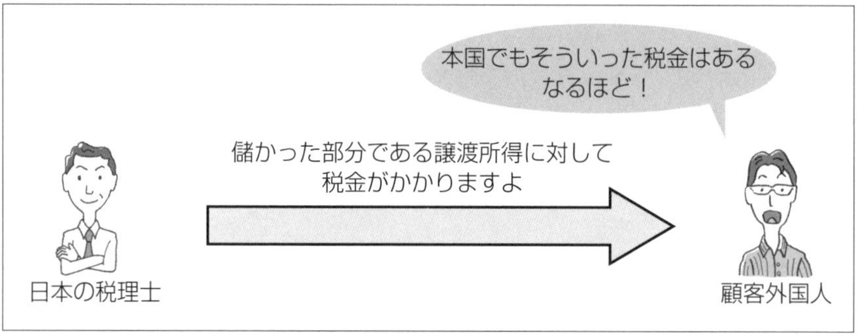

大変だったのは，消費税です。当期の事業用資産の譲渡が，「消費税法上は課税売上に該当するが，当期は免税事業者のため消費税納税不要。しかし，翌々期は課税事業者になる。その時に，また事業用資産の譲渡があると，その際はその分も消費税納税が必要になる」との説明が一苦労でした。

「ふむふむ」と聞いていたクライアントも「？」という顔になっていきました。また，調子よく通訳できていた通訳も，途中から意味がとりにくく自信がなさそうな表情を浮かべることになり，最終的には理解してもらえましたが，予想外に時間を要しました。これは，譲渡所得税は顧客の国でも似たような課税の理屈があり，また，消費税も顧客の国でも付加価値税がありますが，「当初２年間免税事業者，課税事業者の選択も可」は，いわば日本の消費税オリジナルルールであるため理解に時間がかかったのです。

図表1-8 時系列整理図

項目	譲渡1年目	譲渡2年目	譲渡3年目
消費税	免税	免税	課税（2年前の基準期間が1,000万円声であるため）
課税売上高	譲渡収入5,000万円	賃料収入1,000万円以下	賃料収入1,000万円以下だが消費税納税要

図表１-９　当初２年間免税の後には消費税が課税になる旨の説明

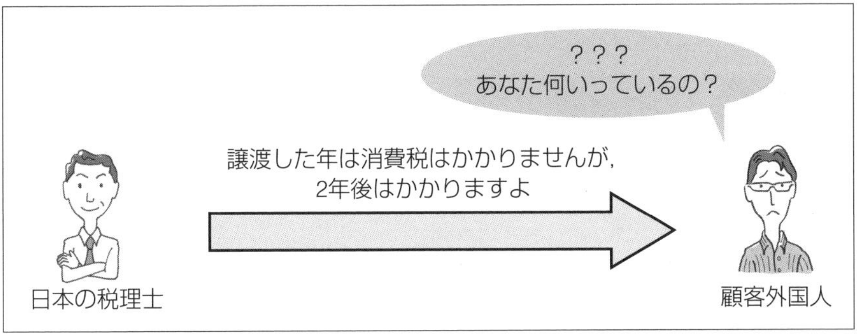

概念的には似たような税法が各国にありますが，詳細は当然各国によって異なり，また，消費税のように日本の税法の独自性が強いものもあります。こういった場合，説明には時間がかかり，端折った説明では，顧客に誤解を与えかねないため注意が必要となります。

図表１-10　世界で一般的な課税方式と日本の所得税・消費税の相違

項目	世界で一般的な方式	日本の税法
譲渡所得に対する課税	譲渡益に対して課税	日本も概ね同様
付加価値税	インボイス方式による課税（純粋にインボイスの差額が納税額）	帳簿方式による課税で，特殊（免税事業者からの仕入れも控除可等）

6　事例の具体的説明

1　世界的に主流であるインボイス方式

日本の税務だけをやっているとわかりにくいですが，11頁の【参考】のとおり，世界的には，日本でも令和５年10月１日から導入が予定されている適格請求書と同じような形で，仕入先からインボイスを取得した場合のみ，仕入税額控除ができるというのが通常です。

図表1-11　インボイスのイメージ

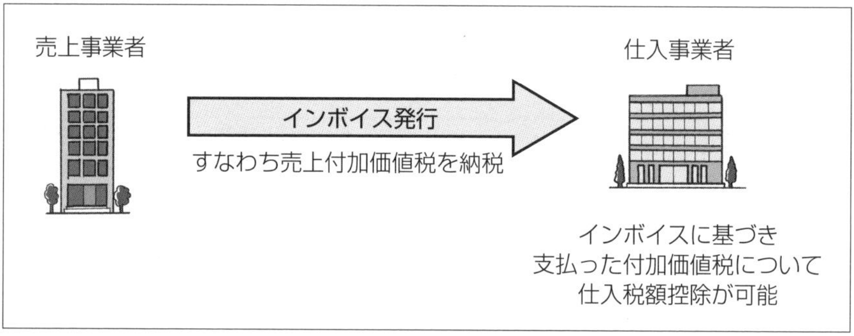

2　日本の帳簿方式

インボイス制度の趣旨としては，インボイスを発行した事業者は売上付加価値税を必ず納税していることとなり，「売上付加価値税が納税されているのだから，仕入税額控除を認める」というものです。

ところが，現在の日本の帳簿方式では，売上側が消費税を納税しているかどうかは，実質的には関係がありません。単に仕入税額控除の要件を満たしているかどうかで判断することになります。

【参考】

令和５年
10月１日～

消費税の仕入税額控除の方式として 適格請求書等保存方式が導入されます

平成30年4月
国　税　庁
（令和２年６月改訂）

令和５年 10月１日から、複数税率に対応した消費税の仕入税額控除の方式として適格請求書等保存方式（いわゆるインボイス制度）が導入されます。適格請求書等保存方式の下では、**税務署長に申請して登録を受けた課税事業者**である**「適格請求書発行事業者」が交付する「適格請求書」（いわゆるインボイス）等の保存が仕入税額控除の要件**となります。

［令和元年 10月１日から令和５年９月 30 日までの間の仕入税額控除の方式は、区分記載請求書等保存方式です。区分記載請求書等保存方式の内容については、パンフレット「よくわかる消費税軽減税率制度（令和元年７月）」をご参照ください。］

1　適格請求書とは

適格請求書とは、「**売手が、買手に対し正確な適用税率や消費税額等を伝えるための手段**」であり、一定の事項が記載された請求書や納品書その他これらに類する書類をいいます。

※　請求書や納品書、領収書、レシート等、その書類の名称は問いません。

2　適格請求書発行事業者登録制度

○　適格請求書を交付できるのは、**適格請求書発行事業者に限られます**。

○　適格請求書発行事業者となるためには、税務署長に「適格請求書発行事業者の登録申請書」（以下「登録申請書」といいます。）を提出し、登録を受ける必要があります。なお、**課税事業者でなければ登録を受けることはできません。**

※　適格請求書発行事業者は、基準期間の課税売上高が 1,000 万円以下となった場合であっても免税事業者にはならず、消費税及び地方消費税の申告義務が生じますのでご注意ください。

～適格請求書発行事業者の申請から登録まで～

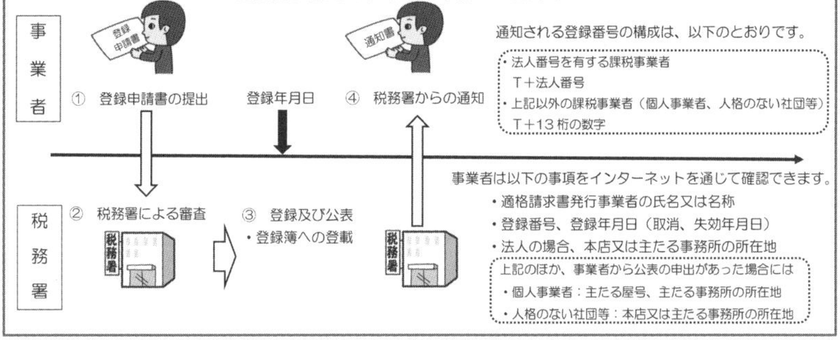

《登録申請のスケジュール》

登録申請書は、令和３年 10 月１日から提出可能です。適格請求書等保存方式が導入される**令和５年 10 月１日から登録を受けるためには**、原則として、**令和５年３月 31 日まで**（ただし、困難な事情がある場合には、令和５年９月 30 日まで）に登録申請書を提出する必要があります。

令和３年 10 月１日：登録申請書受付開始

登録申請書の提出を受けた後、審査に一定の時間を要しますので、早めの提出をお願いします。

令和５年３月 31 日：登録申請書の提出期限（令和５年 10 月１日から登録を受ける場合）

令和５年 10 月１日：適格請求書等保存方式の導入

（国税庁ホームページ）

図表1-12 帳簿方式のイメージ

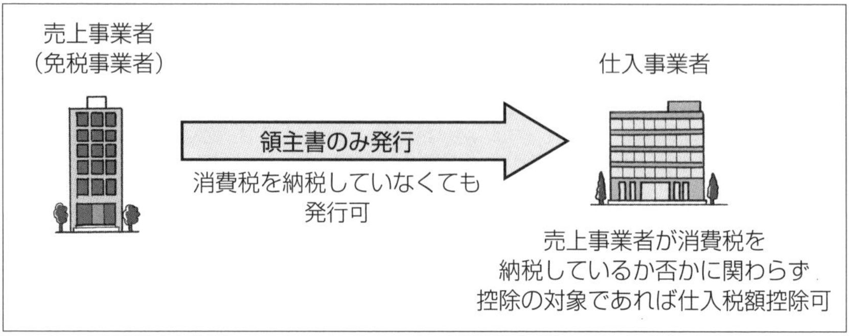

外国人にとって，驚きなのは「免税事業者からの仕入れが仕入税額控除ができる」という点のようです。こういった「外国人が不思議に思うポイント」を先読みしてツボを押してあげるというのも重要でしょう。

図表1-13 論理的説明が重要

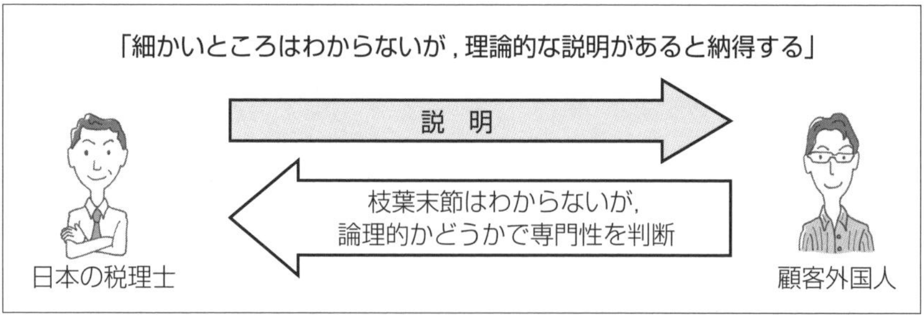

3 根拠規定

今回の事例で論点となったのは，消費税の納税義務規定です。これが，規定では以下のようになっています。

❶ 消費税法9条（基準期間がない法人の納税義務の免除）

下記規定により，特定新規設立法人に該当しない場合は，納税義務が免除されることになります。

【No.6503　基準期間がない法人の納税義務の免除の特例】

> 2　特定新規設立法人の納税義務の免除の特例
>
> その事業年度の基準期間がない資本金1,000万円未満の法人（社会福祉法人を除きます。以下「新規設立法人」といいます。）のうち，その事業年度開始の日において特定要件に該当し，さらにその新規設立法人が特定要件に該当する旨の判定の基礎となった他の者及び他の者と特殊な関係にある法人のうちいずれかの者の課税売上高（新規設立法人のその事業年度の基準期間に相当する期間の課税売上高）が5億円を超える法人（以下「特定新規設立法人」といいます。）については，その課税期間の納税義務は免除されません。
>
> なお，「特定要件」及び「特定要件に該当する旨の判定の基礎となった他の者及び他の者と特殊な関係にある法人」については，国税庁質疑応答事例「特定新規設立法人の納税義務免除の特例（特定要件の判定）」及び「特定新規設立法人の納税義務免除の特例（特殊関係法人の範囲）」をご参照ください。

（国税庁ホームページ）

❷　消費税法12条（特定新規設立法人（外国親会社の課税売上高5億円を超える場合））

落とし穴はこちらで，親会社の課税売上高が5億円を超える場合は納税義務が免除されません。これは，外国親会社でもカウントされますので，注意が必要です。

【特定新規設立法人の納税義務免除の特例】

その事業年度の基準期間がない資本金1,000万円未満の新規設立法人のうち,その基準期間がない事業年度開始の日において特定要件（注１）に該当し，かつ，新規設立法人が特定要件に該当する旨の判定の基礎となった他の者及びその他の者と一定の特殊な関係にある法人（以下「特殊関係法人」といいます。注２）のうちいずれかの者の課税売上高（新規設立法人のその事業年度の基準期間に相当する期間の課税売上高）が５億円を超える法人については，特定新規設立法人に該当し，その基準期間がない事業年度について，事業者免税点制度は適用されません。

（国税庁ホームページ※下線筆者）

上記の５億円を超える法人は内国法人に限定されませんので，外国親会社の場合も含まれます。「外国親会社が日本の消費税の課税売上高がある場合があるのか？」と疑問に思われるかもしれませんが，電気通信利用役務の提供など外国法人でも消費税課税売上が計上されるケースがありますので，そういった場合が該当します。

【参考】

国外事業者の皆さまへ

国境を越えた役務の提供に係る消費税の課税の見直し等について

平成 27 年５月　国税庁
（平成 28 年 12 月改訂）

所得税法等の一部を改正する法律（平成 27 年法律第９号）等により、消費税法等の一部が改正され、国境を越えて行われるデジタルコンテンツの配信等の役務の提供に係る消費税の課税関係の見直しが行われました。

当該見直しにおける改正の主なポイントは以下のとおりです。

改　正　の　主　な　ポ　イ　ン　ト

Ⅰ　電気通信利用役務の提供に係る内外判定基準の見直し

電子書籍・音楽・広告の配信などの電気通信回線（インターネット等）を介して行われる役務の提供を「電気通信利用役務の提供」と位置付け、その役務の提供が消費税の課税対象となる国内取引に該当するかどうかの判定基準（内外判定基準）が、原則として、役務の提供を行う者の役務の提供に係る事務所等の所在地から「役務の提供を受ける者の住所等」に改正されました。

Ⅱ　課税方式の見直し（「リバースチャージ方式」の導入）

電気通信利用役務の提供については、「事業者向け電気通信利用役務の提供」とそれ以外のものとに区分されることとされました。

消費税法においては、課税資産の譲渡等を行った事業者が、当該課税資産の譲渡等に係る申告・納税を行うこととされていますが、電気通信利用役務の提供のうち「事業者向け電気通信利用役務の提供」については、国外事業者から当該役務の提供を受けた国内事業者が申告・納税を行う、いわゆる「リバースチャージ方式」が導入されました。

Ⅲ　国外事業者が行う消費者向け電気通信利用役務の提供に係る仕入税額控除の制限

電気通信利用役務の提供のうち、事業者向け電気通信利用役務の提供以外のもの（このパンフレットでは、便宜的に「消費者向け電気通信利用役務の提供」といいます。）については、当該役務の提供を行った事業者が申告・納税を行うこととなりますが、国外事業者が行う消費者向け電気通信利用役務の提供は、当該役務の提供を受けた国内事業者において、当分の間、当該役務の提供に係る仕入税額控除が制限されます。

○　適用開始時期

Ⅰ～Ⅲの改正は、平成 27 年 10 月１日以後行う課税資産の譲渡等及び課税仕入れから適用されます。

Ⅳ　登録国外事業者制度の創設

Ⅲのとおり、国外事業者から消費者向け電気通信利用役務の提供を受けた国内事業者は、当該役務の提供に係る仕入税額控除が制限されますが、国税庁長官の登録を受けた登録国外事業者から受ける消費者向け電気通信利用役務の提供については、その仕入税額控除を可能とすることとされました。

○　適用開始時期

登録国外事業者の登録申請は、平成 27 年７月１日から行うことができます。

（国税庁ホームページ）

COLUMN 1　外国親会社が消費税売上５億円を超える場合

内国法人でない外国親会社の消費税課税売上が５億円を超えるケースというのは通常では考えにくいですが，やはり電気通信利用役務の提供により，外国法人に納税義務があるというパターンがケースとしては最も多いのではないかと考えます。電気通信利用役務の提供についての概要，ポイントは以下のとおりです。

１．画期的改正

「国内において事業として行った資産の譲渡等には消費税を課する」（消費税法２条）というのが，原則でした。その場合の国内判定について，役務の提供については，その役務の提供が行われた場所（明らかでない場合は，役務の提供を行う者の役務の提供に係る事務所等の所在地）でしたが，それでは海外から日本の消費者にネットサービスを提供するIT企業等に課税できないという背景から，平成27年10月１日以後の電子書籍，音楽，広告の配信等の電気通信回線（インターネット等）を介して行われる役務の提供については，内外判定を「役務の提供を受ける者の住所等」により行うこととなりました。これは，従来の内外判定の原則を覆すような画期的なものであったといえます（国境を越えた役務の提供に係る消費税の課税関係について（国税庁））。

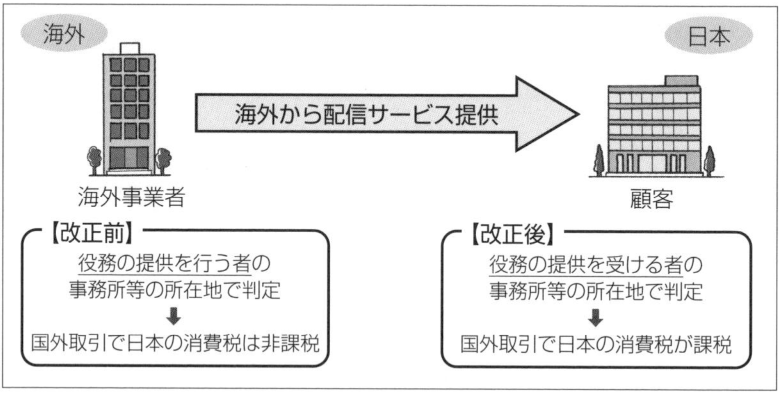

２．納税もれが生じやすい

画期的なのは確かですが，一方で課税技術的に当局側からの把握は非常にしにくい取引といえるのではないでしょうか。日本に全く拠点を持たない外国法人の電気通信利用役務の提供取引については，通常の日本法人の取引に比べ，非常に把握しづらいのではと思います。また，外国法人も悪意なく，知らずに申告，納税もれとなってしまう場合があると思われます。そういう意味では，高額の取引が申告もれとなっている可能性があり，怖い課税といえます。

３．わかりにくい定義（付随的利用か？）

なお，判断が難しいのは，今日ではほとんどのサービスの提供について，何らかの形でメール等の電気通信設備の利用が行われており，それらが全て電気通信設備利用の役務に該当するわけではないという点です。消費税法２条１項８号の３では，「単に通信設備を用いて通信を媒介する行為は含まれず，情報収集の結果を電子メールで報告するなどの電気通信回線を付随的に利用するにすぎないものも除外する」とされています。つまり，メインの資産の譲渡等があり，それに付随して電気通信設備を利用する程度であれば，通常の資産の譲渡等と考えてよいといった解釈になります。中でも，非常に理解が難しいのは，「ネットによるコンサルティングが電気通信利用役務の提供に該当するか否か？」という点です。例えば，法律事務所によるサービスは，消費税法基本通達5-8-3により，「電話，電子メールによる継続的なコンサルティング」が電気通信利用役務の提供に該当するとわざわざ例示されています。法律事務所の個別相談コンサルティングが，電子メールにより行われた場合などは，電気通信設備の利用は付随的利用にとどまり，電気通信設備の利用に該当しないと解釈してよいとする書籍もあり，付随的利用かどうかの判断がポイントになりますが，例示のせいで判断が難しいところになっています。

4　仕入税額控除の規定

下記規定のとおり，仕入税額控除については，請求書等に法定記載事項が記載されていることが要件であり，課税事業者から仕入れることが要件とはされていません。

【No.6497　仕入税額控除のために保存する帳簿及び請求書等の記載事項】

> 仕入税額控除の適用を受けるためには，法定事項が記載された帳簿及び請求書等の保存が要件とされています。
>
> 消費税等の税率は軽減税率（8％）と標準税率（10％）の複数税率となっていますので，事業者は，消費税等の申告等を行うために，取引等を税率ごとに区分して記帳するなどの経理（以下「区分経理」といいます。）を行う必要があります（区分記載請求書等保存方式）。
>
> 免税事業者の方も課税事業者の方と取引する場合，区分記載請求書等の交付を求められる場合があります。
>
> また，令和5年10月からは，帳簿及び税務署長に申請し登録を受けた課税事業者（適格請求書発行事業者）から交付を受けた適格請求書等の保存が仕入税額控除の要件となります。適格請求書等保存方式の詳細は，コード6498適格請求書等保存方式（いわゆる「インボイス制度」）をご覧ください。

（国税庁ホームページ）

また，下記のとおり免税事業者からの仕入れについて，仕入税額控除を適用できることが明確になっています。ここが世界的な付加価値税の常識と大きく異なる点になります。

【No.6455　免税事業者や消費者から仕入れたとき】

> 　この場合の課税仕入れとは，事業のために他の者から商品などの棚卸資産の仕入れのほか，機械や建物等の事業用資産の購入又は賃借，原材料や事務用品の購入，運送等のサービスの購入などをいい，その課税仕入れに係る相手方が課税事業者であることを要件としていません。
> 　したがって，免税事業者や事業者ではない消費者から仕入れた場合も，仕入税額控除の対象となることから，その支払った対価の額は消費税及び地方消費税込みの金額とされますので，その対価の額の110分の7.8（軽減税率の適用対象となる課税仕入れについては108分の6.24）相当額は，消費税額として仕入税額控除を行うことができます。

（国税庁ホームページ）

5　世界の税法との比較

日本の税法では，上記のとおりとなっていますが，世界的な付加価値税としては，「売上側が売上付加価値税を納税しているから控除できる。そこは，売上側がインボイスを発行しているかどうかにより把握できる」という方式が通常です。

ゆえに，上記の日本の消費税が，「納税していないのに，控除できてしまうのか！」という衝撃を与えてしまうわけです。

外国人の視点から見ると面白いもので，日本のいわゆる消費税益税問題などもこういった点から来ているのかと改めて感じます。また，敬遠する向きも多い日本の消費税の適格請求書の件ですが，こういった観点から見ると，国際的には割と普通の方向へ修正する方向での改正ととらえることもできます。

図表1-14 日本の付加価値税のイメージ

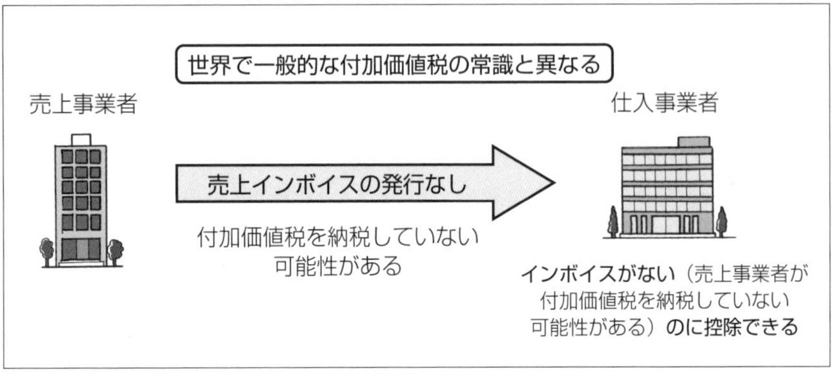

7　論理的な粘り強い説明が重要

上記事例では最終的にはうまくいきましたが，ポイントは以下にあると考えます。

1　論理性が重要

消費税について，一通り説明して，概ね理解いただいた後に当該顧客から出た質問は，「言っていることはわかったが，なんでそんなおかしなルールになっているの？（２年後から課税，免税事業者からの仕入れも控除可である点）」というものでした。これに対し，「鋭いことを聞くなあ」という思いつつ，「日本は，当初は付加価値税がなかったため，導入の円滑化，及び零細事業者に対する政治的配慮のため，そうなったのでしょう」という説明をしたら，非常に納得したような顔をしていました。

これは，日本の細かい個別ルールの是非は外国人には判断できませんが，言っていることに論理性があるかどうかで，真偽と現地専門家のレベルを推し量っているという部分があるのでしょう。実際，筆者も逆の立場で中国に駐在して，中国人会計人と話をしていたときは，こういったところを判断基準にしていました。

2 外国人は意外に根気よく聞く

外国人に対して煩雑な税務を行う日本の税理士にとって福音なのは，「わざわざ日本で事業を行う外国人ビジネスマン」は，複雑な説明にも興味を示し，粘り強く聞いてくれるという点です。これは，筆者も最初非常に意外であり，日本の顧客にたまにある，「わからないので，もう先生にお任せしておきますよ」というスタンスとも少し異なり，いわゆるステレオタイプな途上国の外国人のイメージとも全く異なっています。

知的好奇心が強く，現地の専門家の言うことならとっつきにくくても粘り強く耳を傾けるというタイプも意外と多く，このあたりは，日本の税理士にとっても有難い点で,「それならば」ということでがっぷり四つに組んでしっかりした説明を行うという姿勢が良い結果になる場合も少なくありません。こういった場合,最終的に理解した外国人顧客から,「おぬしなかなかやるな」という顔をされ，言語コミュニケーションが不十分であっても一定の信頼関係が築ける場合があります。このあたりが外国企業，外国人の税務支援ビジネスの大きな喜びの一つです。

また，勝負どころでは「相手が根負けするくらいまで説明する」といった気持ちで行くのもよいのではないでしょうか。実際，日本でビジネスをし，税理士を頼んで申告をするといった方々は，かなりモラルも高く，面倒な話でも，日本人税理士がつたない外国語を使って説明していると，一般的な日本人よりも辛抱強く話を聞くという面があるようです。

COLUMN 2　税理士は外国語を話すべきか？　通訳を活用すべきか？

零細会計事務所が海外系の業務について，ある程度の業務量となり，経常的にやることになると，事務所の方針として迷う点として，「税理士のような専門家が直接言語を話すべきだろうか？　それとも通訳を活用すべきだろうか？」というものがあります。

1．通訳の活用とメリット・デメリット

通訳を活用することのメリットはなんといっても，母国語で対応してもらえるので，日本人税理士は日本語での説明に集中できるという点です。一方で，デメリットとしては専門用語の通訳が難しいという点があるでしょう。税理士が国内の顧客にする説明を，一般スタッフを介して説明することを考えると，その難しさはご理解いただけるのではないでしょうか。

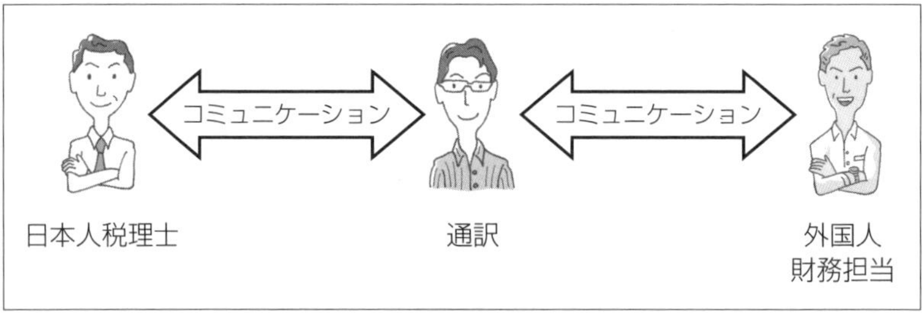

2．ブロークンでも税理士自身が外国語を話すメリット・デメリット

一方で税務の専門家ですが，語学の専門家でない税理士が，ブロークンであるといえども，外国語を話すメリットもやはり大きくあります。

話すこともさることながら，「相手が言っていることを聞きとれる」というメリットがまず大きいと思います。正確に表現することは難しくても，ある程度話すことができるということは，聞き取りの能力もあるということであり，通訳に対するけん制になることから，コミュニケーションの正確性を確保することが可能となります。逆に，聞き取りすらできない状況は，通訳が相当会計に習熟していないと，コミュニケーションは困難を極めます。

3．結局はお好みですが

最後はお好みにはなってきますが，「相手の国の言語に興味を持つ」ということは，相手の国に興味を持つということにつながるため，単純な言語能力以外の効果もあります。

一方で，優秀な通訳をそろえ，日本人税理士は専門家としての日本語で

の仕事に注力し，通訳と息を合わせてやっていくというのも一つの方法です。このあたりは自身の適性や，好み，事務所の戦力と相談しながら，やりやすい形を見つけていくのがよいかと考えています。

COLUMN 3　留学・語学研修経験がなくても新HSK6級をとっちゃおう！

個人的経験談ですが，筆者が中国語を勉強し，新HSK6級という現行のHSKでは最高級の試験に合格した際の攻略法を紹介します。

日本人中国ビジネスマンはかなりの数がいますが，留学や語学研修もないまま，いきなり中国の大地に駐在員として放り込まれた方も少なくないものと思います。私もその一人で，中国語の学習には非常に苦労しました。しかし，そんな筆者でも，現在のHSKの最高級である６級に，中国語の先生の的確な指導と，コツを押さえることで合格することができましたので，今回はそのメソッドをご紹介します。

コツ１：全体で60%取ればよい

試験は全体で60%とれば合格となっています。問題を見ると非常に難しそうな印象を受けますが，合格点は60%です。ゆえに，苦手なセクションがあってそのセクションは60%を下回っても，得意なセクションで取り返せばよいことになっています。それを踏まえて以下，セクション別攻略法を解説していきます。

コツ２：リスニングは駐在経験者は有利

正統派の学習経験のない駐在経験者でもそれなりに有利なのがリスニングです。普段から，同僚からタクシー運転手まで多種多様なナチュラルスピードの中国語を聞き，なんとかやりとりをしているため，スピード自体には慣れています。

コツ３：文法はスピード勝負！　わからない問題に時間を使うべからず

正統派の学習経験がなく，ノリでなんとか中国語をしゃべってきたタイプが一番苦しむのが文法のセクションです。特に，最初の間違い探しは難度が高く，筆者は手も足もでませんでした。問題量も異常に多いため，筆者はわからない問題を悩んでも無駄と，割り切って次々進むようにしました。

コツ４：長文読解はストーリーの推測で運が良ければ高得点が望める

普段から日本語の文章の読み書きをしているビジネスマンが割りと有利なのが，長文読解です。どの長文もだいたい一つトンチを効かせたような話が多いため，中国語でわからない単語がかなりあっても，日本語の国語力である程度話の推測が可能です。問題との相性がよければ満点をとれる場合もあります。

コツ５：書写（中国語長文の中国語要約）は一番点数が伸びるポイント

最後に、中国語の長文を中文で要約する「書写」のセクションがあります。ここは、個人的には直前の勉強で一番点数が伸びたセクションですので、そちらのメソッドを御紹介します。

① バカにせずに簡体字練習帳をやる

書写のセクションでは，手書きで中国語を書く，すなわち，簡体字を手書きで書く必要があります。駐在経験者の方はピンインがわかっていても，普段はPCで入力している方が多いと思いますので，バカにせずに書店で「簡体字練習帳」的なものを買って，簡体字を練習した方がよいです。一通り書き込んでやるとある程度書けるようになります。なお，現在では簡体字は手書きではなく，PCで入力できるようになりました。

② 要約は段落ごとに

中文要約はボリュームのコントロールが難しいのですが，これは中国語の先生から非常によいアドバイスをいただきました。それは，「要約は，本文の各段落に対応する形で要約しなさい」というものです。これをやると，内容にあまり抜けがなく，かつ，ボリュームのコントロールもしやすいです。

第2章 外資企業はどこからやってくるか？
―本来やってほしい設立前検討と事業の設計―

1　最初に誰が接触しているのか？

1　どこから外国企業はやってくるのか？

昨今，日本に進出する外国企業，事業を行う外資企業は非常に多いです。彼らはどのような段階を経て日本にやってきて，どのように会計記帳，税務申告をしているのでしょうか。

大まかには，彼らは，まず，①日本への進出について検討・研究し，②日本法人を設立するという過程を経て，1年経てば，③日本の税務申告を行っているはずです。本章では，この点について考えてみるとともに，実務上多いケースと，それに伴う税務上の問題，我々税理士がお手伝いできる点について述べてみたいと思います。

2　ある日突然訪ねては来ない

筆者の経験上，ある日突然外国企業が「先生，税務申告をお願いします」と飛び込みで訪ねてくるケースはまずありません。では，どういう経緯をたどるのでしょうか。手順を考えると，当然ながら，まず日本法人を設立し，税務申告はそれからということになります。

3　会社を作るのが先で税務上の論点を検証していない

我々税理士の立場で見れば，会社設立と同時に税務署等に届出等は出さな

図表2-1　税理士事務所への接触順序

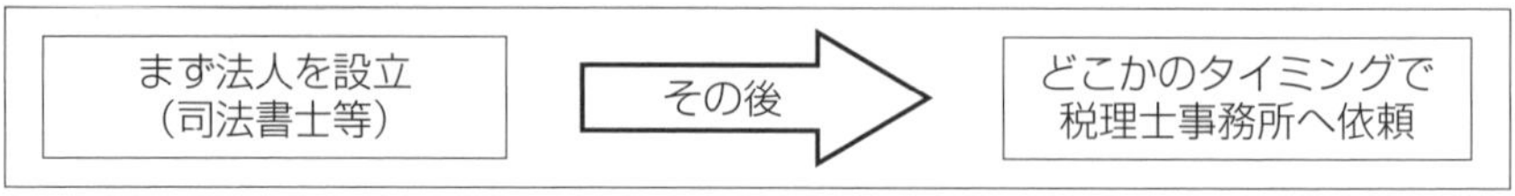

ければならず，役員報酬を支給するなら議事録が必要，投資があるなら消費税の課税事業者選択も検討しなければいけない等，設立直後でも論点は多いというのが半ば常識です。しかし，残念ながらよほど心がけの良い方以外はあまり意識されることはなく，「まず，法人を作りましょう！」となっているケースが多いようです。極端な例では，申告期限を過ぎてから「日本って会社も税務申告をする必要があるのですか？」などと問い合わせてくることもありました。

税務の面への意識が少ないのは残念ですが，現実問題として「日本進出＝日本法人設立」というイメージがあるのも事実です。

4　弁護士・司法書士・行政書士・コンサルタント・同国人のネットワーク

それでは，「日本進出＝日本法人設立」であったとして，その動きはインバウンドにおいてはどのように行われるのでしょうか。筆者の経験上，外国企業が本国で検討・決定した後，最初に関与する日本の専門家は，弁護士・司法書士・行政書士といった設立手続の支援を行う専門家であることが多いです。また，同国人のネットワークで日本在住の外国人に支援の依頼等を行うこともあります。その場合，専門業務は当該外国人の知り合いの日本人専門家などが対応する場合も多く，税理士が登場するのは，それらの専門家が法人を設立し終わった後ということになります。

図表２-２　日本での新規外資企業設立の日本の専門家へのファーストコンタクトの時点

専門家	コンタクトをとる時点
弁護士，司法書士等	法人設立時
同国人のコンサルタント	検討段階から
税理士	早くて設立時，設立後１年たって税務申告期限（あるいは期限後）に初めて接触という場合も少なくない。

COLUMN 4　外国人コンサルタントの提携

１．気の合う人が一番

国際関係業務では，顧客に加え，外国人コンサルタントや専門家等とも交流することになるため，登場人物が多くなりがちです。その中で，外国人顧客と母国語でコミュニケーションがとれる同国人の専門家というのは重要な存在となります。日本企業が海外に進出した際に，進出先の国に住む日本人専門家に信頼を置くのと同様でしょう。

ゆえに，インバウンド業務を手掛ける税理士にとっても，外国人コンサルタントの存在は重要となりますが，特に「相性の合うコンサルタント」と出会えるかどうかは非常に重要です。

２．同志的なシンパシーと一歩引いた感覚も

筆者の個人的印象ですが，複数言語を話す人間同士，ある種のシンパシーや共通性を感じる部分があります。それは，「母国での判断基準などが絶対だとは思っていない」という点で，よく言えば視野の広さ，悪く言えば冷めた部分があります。自分の国を少し俯瞰してみることができるということかなと解釈しています。

３．気の合う外国人同業者・コンサルタント人脈は宝

専門知識以外に，こういった気の合う外国人コンサルタントの人脈や知り合いがいるということは正に目に見えない資産，宝といえるのではないかと考えています。こういった人脈の積み上げにより，自らの国際関係業

務を取り巻く環境が，徐々によくなっているのを実感しています。

2　税理士の出番は？　後に見えるが理想は先！

この後，申告期限が近づくと，「税理士事務所に頼まなきゃいけませんね」となるわけです。「申告するならそれはそれでいいじゃないか」と思われるかもしれませんが，やはり，心配な問題はあります。税理士が設立時から関与していないことにより発生する主な問題は以下のとおりです。

1　届出関係

一番大きなものは届出です。特に青色申告の承認申請書は，法人設立から３か月以内とされているため，税理士の関与が遅い場合等は，提出できていないことがあります。設立初年度などは，外国法人によっては大規模な初期投資をして，高額の損失が発生し，その欠損金が繰り越せない等の悲劇？が生じるような場合も実際にあります。

また，少人数であるにもかかわらず源泉所得税の納期特例の承認申請を出していなかったり，そもそも源泉所得税の納税義務を理解していなかったりというケースも少なくありません。

図表2-3　未提出だと困る届出と外資企業の勘違い

届出	発生する問題	外資企業の勘違い
青色申告承認申請	青色申告の特典適用が受けられない。欠損金の繰越しができない。	青色申告の制度自体知らない。
源泉所得税の納期特例	少人数でも源泉所得税を毎月納付。往々にして士業の源泉所得税が納付もれ。	源泉所得税納付が必要なこと自体知らない。

2　法人設立時の届出書と必須の届出書

法人設立時には，外資，内資に限らず届出書を出すこととされています。設立時に提出する届出書のうち，必須のものを整理すると以下のとおりです。

図表2-4　設立時に提出する届出書及び必須の届出書

必須の届出書	提出先
法人設立届	税務署
青色申告承認の申請届	
給与支払事務所の開設届	
源泉所得税の納期特例	
地方設立届	都道府県，市区町村

この種の届出書は，設立を行った企業がサポートして，既に提出されている場合もあります。

なお，地方税も届出をする必要がありますが，なぜか提出がされていないケースが結構ありますので，注意をしたいところです。

3　役員報酬関係

日本の税法独特の役員報酬の損金算入に関する厳しい制限も，ほぼノーマークである場合が少なくありません。定期同額給与の要件を満たしていない等です。

一方，外資企業は雇われの日本人（実質的には一般社員に近い）を代表取締役に据えざるを得ないことも少なくないため，日本の法人税法における同族役員による利益操作の制限を目的とした厳しい規定は，ふさわしくないのではと思われるケースもあります。これについては，以下のような問題があります。

⑴　役員報酬を通常の社員と同じように支給

役員報酬の定期同額などの制限を知らず，通常の社員のように毎月バラバラの給与を支給してしまうというものです。「そんなことがあるのか？」と思われるかもしれませんが，外資企業が独断専行でやっている場合等はこういったケースがあり得ます。

【No.5211　役員に対する給与（平成29年4月1日以後支給決議分）】

> 平成29年度税制改正により，平成29年4月1日以後に役員給与の支給に係る決議（その決議が行われない場合にはその支給）が行われる役員給与の取扱いは，以下のとおりとなります。
>
> （注）　新株予約権による給与及び退職給与については，平成29年10月1日以後の役員給与の支給に係る決議（その決議が行われない場合にはその支給）が行われる役員給与から適用されます。
>
> 法人が役員に対して支給する給与（注）の額のうち次に掲げる定期同額給与，事前確定届出給与又は業績連動給与のいずれにも該当しないものの額は損金の額に算入されません。
>
> ただし，次に掲げる給与のいずれかに該当するものであっても，不相当に高額な部分の金額は，損金の額に算入されません。
>
> （注）　上記の給与からは，(1) 退職給与で業績連動給与に該当しないもの，(2) 左記 (1) 以外のもので使用人兼務役員に対して支給する使用人としての職務に対するもの及び (3) 法人が事実を隠蔽し，又は仮装して経理することによりその役員に対して支給するものは除かれます。

（国税庁ホームページ）

これは，日本独特のルールで，税理士会からも改正要望が常に出ていて，外国企業には理解しがたいポイントといえます。まず，「役員関係には大きな制限がある」ということを，早めに理解してもらうのが肝要です。

⑵　就労許可との整合性の問題

出資者が外国人役員の場合，会社設立と同時に日本に移住してきて，就労許可を申請しているということがあります。このようなケースでは「期首から３か月以内に役員報酬を決定しなければならない」という規定と，就労許可取得の日がうまくマッチしないことがあります。また，在留許可申請の際に，役員報酬決定議事録を提出している場合があり，「就労許可取得日から，毎月○○円の支給とする」といった記載をしているケースもあるようです。

その場合には，就労許可取得からの役員報酬支給とならざるを得ないようですが，この辺りは外資企業の役員報酬では必ず発生してくる問題ですので，国税庁のＱＡなどで取扱いを明確にしてもらえればいいなと個人的には考えています。

⑶　非居住者時代から役員報酬の支給は可能か？

上記⑵の場合，定期同額給与の要件である期首から３か月以内の支給という要件に該当しません。そうすると，会社設立から３か月以内の就労許可取得前に役員報酬を支給する方が，法人税法の中では理想的なのですが，そのようなことは可能なのでしょうか。

結論的には，やろうと思えばできるようです。外国に居て，日本の在留資格を持たない外国人の場合，就労許可取得前は日本に居住できませんので，会社を設立して役員就任後に非居住者時代から役員報酬を支給するという形です。これであれば，入管法上も問題ないようですが，非居住者時代の役員報酬は20.42%の源泉徴収が必要となり，設立から在留資格取得を代行する司法書士や行政書士の先生などもなかなかそこまで考えてやってくれていません。行政書士の先生が税理士事務所内にいるか，もしくはよほどうまく連携しないと現実的には難しいのではと思います。

このような取扱いについては，「そこまでやる必要があるのか？」と感じることもあります。やはり国税庁には取扱いを示してほしいと個人的には考えています。

図表2-5　就労許可取得前の役員報酬支給のイメージ

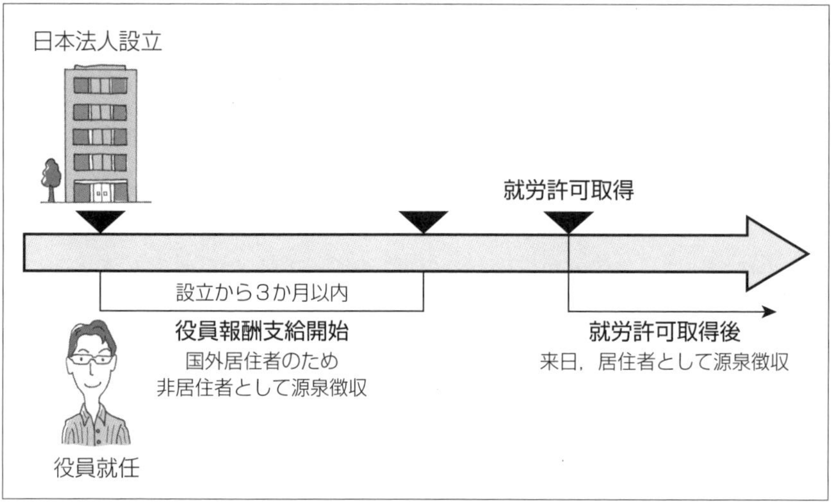

4　使用人兼務役員問題

外資企業の日本法人としては，本来は本国から役員級の駐在員を連れてきてくれば楽なのですが，日本で新規採用した者が現地の管理等を行うパターンも少なくありません。その場合も各種契約上の利便性などから，現地社員を取締役に就任させてしまうケースもあります。

この場合の経済的実質をみると，この現地管理者の方は，「単なる雇われ従業員」にかなり近いのですが，法的側面からすると「取締役」であることは疑いなく，税務上は「使用人兼務役員に該当するか否か？」という面倒な問題が生じます。

「そんなの使用人兼務役員でいけるのでは？」と思われるかもしれませんが，「比較対象者がいない，外資企業の日本勤務の唯一の役員である」という点で，課税当局から非常に厳しい目で見られる場合があるようです。

【No.5205　役員のうち使用人兼務役員になれない人】

> 使用人兼務役員とは，役員のうち部長，課長，その他法人の使用人としての職制上の地位を有し，かつ，常時使用人としての職務に従事する者をいいますが，次のような役員は，使用人兼務役員となりません。なお，同族会社の使用人のうち税務上みなし役員とされる者も使用人兼務役員となりません。
>
> (略)

（国税庁ホームページ）

上記のうち，「使用人としての職制上の地位を有し」かつ「常時使用人としての職務に従事する者」が満たせるかどうかというのがポイントになります。

「職制上の地位」とは，部長，課長等法人の機構上定められている使用人しての職務上の地位をいうとされています。また，法人がその使用人について特に機構として職務上の地位を定めていない場合でも，その法人の役員でその常時使用人として取り扱うことができるとされています（法基通９-２-６）。

5　外資企業の一人役員が使用人兼務役員になれるか

外資企業では，本国に代表取締役がいるものの，役員が全く日本にいないと様々な面で不便であるため，上述のとおり日本でつい最近雇用したような社員の方を取締役として登記する場合があります。

上記タックスアンサーを見ると，そういった方は使用人兼務役員になれそうですが，実務的には課税当局の姿勢は必ずしも簡単に認めるという姿勢ではありません。ビジネス上の事情で，取締役になるとはいえ，そういった方は日本法人の社員でも最も給与が高く，実質日本法人のリーダー的存在の方である場合が多いためです。

使用人兼務役員で突き通そうとすると，その後も様々な面で注意しなければならない点があるため，使用人兼務役員でいくか，もしくは顧客に説明して純粋な役員として取り扱っていくか，総合的に検討するのがよいと考えます。

また，この場合には役員賞与の問題も生じます。特に，年収を単純に14等分し，12カ月分以外は賞与などとしている場合もあります。その場合は，事前確定給与の届出の提出などが検討に値します（顧問税理士としてはあまり出したくないところですが……）。

このあたりの役員報酬の制限や，事前確定届出給与の「理論的には１日でも支給日を違えてはいけません」というところは，外資企業にとってはかなり理解しがたいところですので，粘り強い説明が求められます。

【［手続名］事前確定届出給与に関する届出】

［提出時期］

１．株主総会等の決議により役員の職務につき「所定の時期に確定した額の金銭又は確定した数の株式若しくは新株予約権若しくは確定した額の金銭債権に係る法人税法第54条第１項（譲渡制限付株式を対価とする費用の帰属事業年度の特例）に規定する特定譲渡制限付株式若しくは同法第54条の２第１項（新株予約権を対価とする費用の帰属事業年度の特例等）に規定する特定新株予約権を交付する旨の定め」（以下「所定の時期に確定した額の金銭等を交付する旨の定め」といいます。）」をした場合（以下の２又は３に該当する場合を除きます。）

株主総会等の決議をした日（同日がその職務の執行を開始する日後である場合にあっては，当該開始する日）から１月を経過する日。ただし，その日が職務執行期間開始の日の属する会計期間開始の日から４月（法人税法第75条の２第１項各号（確定申告書の提出期限の延長の特例）の指定を受けている内国法人にあっては，その指定に係る月数に３を加えた月数）を経過する日（以下「会計期間４月経過日等」といいます。）後である場合には当該会計期間４月経

過日等

２．新設法人がその役員のその設立の時に開始する職務につき「所定の時期に確定した額の金銭等を交付する旨の定め」をした場合

その設立の日以後２月を経過する日

３．臨時改定事由（法人税法施行令第69条第１項第１号ロ（定期同額給与の範囲等）に規定する役員の職制上の地位の変更，職務の内容の重大な変更その他これらに類するやむを得ない事情をいいます。以下同じ。）により当該臨時改定事由に係る役員の職務につき「所定の時期に確定した額の金銭等を交付する旨の定め」をした場合

次に掲げる日のうちいずれか遅い日

イ　上記１に掲げる日（上記２に該当する場合は，２に掲げる日）

ロ　当該臨時改定事由が生じた日から１月を経過する日

（注）　役員の当該臨時改定事由が生ずる直前の職務につき「定め」があった場合には，「事前確定届出給与に関する変更届出書」を使用してください。

（国税庁ホームページ）

6　定期同額給与の支給日と事前確定届出給与の支給日

なお，事前確定届出は，理論的には「１日たりとも違えてはいけない」というものですが，これは，事前確定届出給与（賞与部分）を指しているようです。

【参考】

付表　1　（事前確定届出給与等の状況（金銭交付用））

No.	

事前確定届出給与対象者の氏名（役職名）	（　　　　）
事前確定届出給与に係る職務の執行の開始の日（職務執行期間）	令和　年　月　日 （令和　年　月　日 ～ 令和　年　月　日）
当該（連結）事業年度	令和　年　月　日 ～ 令和　年　月　日
職務執行期間開始の日の属する会計期間	令和　年　月　日 ～ 令和　年　月　日

事前確定届出給与に関する事項		区分	支給時期（年月日）	支給額（円）
	職務執行期間開始の日の属する会計期間	届出額	・ ・	
		支給額	・ ・	
		今回の届出額	・ ・	
		今回の届出額	・ ・	
		今回の届出額	・ ・	
		今回の届出額	・ ・	
	翌会計期間以後	今回の届出額	・ ・	
		今回の届出額	・ ・	
		今回の届出額	・ ・	
		今回の届出額	・ ・	

事前確定届出給与以外の給与に関する事項	金銭による給与（業績連動給与を除く）		支給時期（年月日）	支給額（円）
		職務執行期間開始の日の属する会計期間	・ ・	
			・ ・	
			・ ・	
			・ ・	
			・ ・	
			・ ・	
			・ ・	
			・ ・	
			・ ・	
			・ ・	
			・ ・	
			・ ・	
		翌会計期間以後	・ ・	
			・ ・	
			・ ・	
			・ ・	
	業績連動給与又は金銭以外の資産による給与の支給時期及び概要			

02.06改正

【参考】

付表１（事前確定届出給与等の状況（金銭交付用））の記載要領等

1　この付表は、所定の時期に確定した額の金銭を交付する旨の定めに基づき支給する給与（確定した額に相当する法人税法第 34 条第１項第２号ロ（役員給与の損金不算入）に規定する適格株式又は同号ハに規定する適格新株予約権を交付する旨の定めに基づいて支給する給与（確定した額の金銭債権に係る特定譲渡制限付株式又は特定新株予約権を交付する旨の定めに基づいて支給する給与を除きます。）を含みます。）について届け出る場合に、「事前確定届出給与に関する届出書」に添付してください。

2　この届出に係る「所定の時期に確定した額の金銭等を交付する旨の定め」において定めた事前確定届出給与対象者が複数いる場合には、その事前確定届出給与対象者ごとにこの付表を作成してください。この場合には、右上端の「No.　　」欄に一連番号を付してください。

3　各欄は、次により記載してください。

(1)　「事前確定届出給与に係る職務の執行の開始の日（職務執行期間）」欄には、「所定の時期に確定した額の金銭等を交付する旨の定め」に係る職務の執行の開始の日（定時株主総会の開催日など）及び職務執行期間（定時株主総会の開催日から次の定時株主総会の開催日までの期間など）を記載してください。

(2)　「当該（連結）事業年度」欄には、この届出をする事業年度又は連結事業年度を記載してください。

(3)　「事前確定届出給与に関する事項」の「支給時期（年月日）」欄及び「支給額（円）」欄には、次に掲げる事前確定届出給与の区分ごとに次の支給時期及び支給額を記載してください。

事前確定届出給与の区分	支給時期及び支給額
（支給済分） 「職務執行期間開始の日の属する会計期間」において、前回以前の届出に係る「所定の時期に確定した額の金銭等を交付する旨の定め」に基づいて支給することとしていた事前確定届出給与 (注)　法人税法施行令第 69 条第５項（定期同額給与の範囲等）の規定に基づき、「事前確定届出給与に関する変更届出書」を提出している場合には、その変更後の「定め」に基づき支給する事前確定届出給与について記載してください。	①　「届出額」欄：前回以前の届出において届け出た事前確定届出給与の支給時期及び支給額 ②　「支給額」欄：①の事前確定届出給与の実際の支給時期及び支給額
（支給予定分） 「職務執行期間開始の日の属する会計期間」及び「翌会計期間以後」において、この届出に係る「所定の時期に確定した額の金銭等を交付する旨の定め」に基づいて支給することとしている事前確定届出給与	「今回の届出額」欄：この届出において届け出る事前確定届出給与について、届出の時において予定されている支給時期及び支給額

(注)　記載欄が不足する場合は、適宜の様式に記載の上、別紙として添付してください。

(4)　「事前確定届出給与以外の給与に関する事項」の「支給時期（年月日）」欄及び「支給額（円）」欄には、事前確定届出給与対象者に対して支給した、又は支給しようとする事前確定届出給与以外の給与について、届出の時において予定されている支給時期及び支給額を記載してください。

また、業績連動給与又は金銭以外の資産による給与の支給がある場合には、支給時期及び概要を「業績連動給与又は金銭以外の資産による給与の支給時期及び概要」欄に記載してください。

なお、記載事項が多い場合は、「業績連動給与又は金銭以外の資産による給与の支給時期及び概要」欄に「別紙のとおり」と記載の上、業績連動給与又は金銭以外の資産による給与の支給時期及び概要を別紙（適宜の様式）に記載してください。

(注) この事前確定届出給与以外の給与には、次の給与を含みません。

①　退職給与で業績連動給与に該当しないもの
②　使用人としての職務を有する役員に対して支給するその使用人分給与
③　法人税法施行令第 69 条第３項各号に掲げる給与

届出附表の記入欄に，定期同額給与部分の支給日も書く欄がありますので，混乱しがちですが，定期同額についてはそこまでは求められていないようですので，毎月の給与まで１日単位でこだわる必要はありません。税理士としてはあまり出したくない届出ですので，必要以上にプレッシャーを感じてしまいますが，

① 事前確定届出給与は，賞与が該当し，日付を指定して記入

② その他は定期同額なので，参考までに記入

という解釈が正しいようです。

7 外国親会社のカレンダー・休日には注意

賞与の支給などを外国親会社がコントロールすることで，実際の支給日は日本のカレンダーではなく，外国のカレンダー・休日に沿って行う会社もありますので，注意が必要です。中華系の親会社等の場合，毎年１月，２月に１週間の春節休暇があり，しかもそれが１年前には正確には確定していないケースがあります（届出は翌期１年分を書く必要があります）。

この場合は，通常２月に支給している賞与を，１か月後ろにずらして対応した事例がありました。

8 資本金額

資本金額によって地方法人税均等割の納税額や消費税の納税義務も当然ながら変わってきますが，日本の税理士の立場からすると，特に考えもなく「なんでこの金額にしたの？」というケースも少なくありません（それを指摘すると，「それじゃあ減資しようかな？」などと軽く言われるケースも多いです）。

(1) 資本金額の検討を行っていなかったことによる失敗例

資本金の検討を行っていなかったことによる失敗例としては，以下のようなものがあります。

❶　資本金を1,000万円に設定したことにより無意味に消費税課税事業者になる

第1章で述べた消費税の事例です。最初の2年間が消費税課税事業者となります。もう1円資本金が少なければ免税事業者だったのに……ということになります。

❷　資本金を抑えて中小企業者になることを狙ったが親会社の要件で非中小企業となる

これも，聞きかじりで外国親会社が「資本金1,000万円以下なら中小企業扱いになるらしいぞ」と判断し，「資本金数百万円で設立して，中小企業になりましょう！」と設計したものの，外国親会社が文句のつけようのない大企業である場合，親会社の資本金5億円以上の要件に該当して，非中小法人となってしまうというものです。

なお，中小法人に該当しない場合のデメリットですが，30万円以下減価償却資産の一括損金算入の適用不可などは仕方がないなで済むレベルですが，欠損金の控除制限は影響がかなり大きいため，中小企業者になるかならないかでは大違いということになります。

(2)　非中小法人，非中小企業者で適用ができない主な優遇

非中小法人で適用ができない主な優遇は以下のとおりです。中小法人・中小企業者に非該当の場合，適用できなくなる規定は多いのですが，特殊な優遇等が多く，一般的な企業にはあまり関係もないものも多いため，主要なものを解説します。

❶　欠損金等の控除限度額

中小法人等以外の法人は，過年度の欠損金について各年の課税所得の50%までしか控除できません。

❷　軽減税率

中小法人等では軽減税率が適用されます。

❸　特定同族会社の特別税率（留保金課税）

同族会社の場合，留保金課税という法人税が追加でかかります。ただし，

定額控除額が2,000万円があるため，留保額が2,000万円以下ならこの税金はかかりません。

❹　交際費等の損金不算入制度における定額控除制度

交際費の定額控除限度額がなくなり，支出した交際費の50%のみが損金算入でき，50%は損金不算入となります。

❺　欠損金の繰戻しによる還付制度

当期に欠損金が発生した場合，過年度に利益計上の事業年度があれば，その期に当期の欠損金を繰り戻すことができるという制度がありますが，中小法人等以外の法人は適用できません。

❻　中小企業者等の少額減価償却資産の取得価額の損金算入の特例（措法67の5）

中小企業なら，一括で損金算入できる10万円以上，30万円未満の資産を一括では損金算入することができません。固定資産計上等になります。

特に，留保金課税は，中小法人が不適用になってから久しく見ることがなくなりましたので，期末になってから慌てることのないよう，事前に伝えておくことが重要です。定額の留保控除額もありますので，顧客に事前に知らせて年間の予想利益金額など出してもらうのがよりよいでしょう。

(3)　中小法人の要件

【No.5432　措置法上の中小法人及び中小企業者】

1　中小企業者等の法人税率の特例（措法42の３の21）及び中小企業者等の貸倒引当金の特例（措法57の91）の中小法人

中小企業者等の法人税率の特例制度の適用対象となる普通法人及び中小企業者等の貸倒引当金の特例制度における中小法人（以下１において「中小法人」といいます。）は，普通法人のうち，各事業年度終了の時において資本金の額若しくは出資金の額が１億円以下であるもの又は資本若しくは出資を有しないもので，各事業年度終了の時において次の法人に該当するものを除いたものです。ただし，中小法人のうち適用除外事業者に該当するものは，各制度の対象から除かれます。

(1)　相互会社及び外国相互会社

(2)　大法人(次に掲げる法人をいいます。以下１において同じです。)との間にその大法人による完全支配関係がある普通法人

　イ　資本金の額又は出資金の額が５億円以上の法人

　ロ　相互会社及び外国相互会社

　ハ　受託法人

(3)　普通法人との間に完全支配関係がある全ての大法人が有する株式及び出資の全部をその全ての大法人のうちいずれか一の法人が有するものとみなした場合においてそのいずれか一の法人とその普通法人との間にそのいずれか一の法人による完全支配関係があることとなるときのその普通法人（上記（2）に掲げる法人を除きます。）

(4)　投資法人

(5)　特定目的会社

(6)　受託法人

　(注)　適用除外事業者とは，基準年度（その事業年度開始の日前３年以内に終了した各事業年度をいいます。以下同じです。）の所得金額の合計額を各基準年度の月数の合計数で除し，これに12を乗じて計算した金額（設立後３年を経過していないことなどの一定の事由がある場合には，一定の調整を加えた金額）が15億円を超える法人をいいます。

（国税庁ホームページ）

上記のとおり，これらを設立前から日本の税理士に相談せずに把握するのはかなり困難といえます。特に，外国企業から事前相談を受ける場合は「そんなわけないでしょう！」という誤解をしている場合も結構あります（親会

社が大企業であるのに100%支配の日本の子会社のみ資本金を小さくして中小法人になると誤解しているなど)。

⑷ グループ全体設計・日本拠点についての税務視点の欠落

各論においては，上記のような状況であるため，そもそもの日本法人の設計について，税務面からの検証が行われておらず，致命的な問題となっている場合もあります。法人の設計に伴う税務自体はある程度の部分は万国共通であるため，外資企業の本国の理解でも大きな問題は通常でありませんが，「子会社か支店か」など，根本の設計に係る部分で誤ると税務上大きな問題を抱えるケースもあります。次の事例ではそういったケースを紹介します。

3 事例 ああ憧れの日本本店と海外支店

1 無防備に設立された日本本店と海外支店

ある外資系日本法人A社が，申告期限直前になって税務申告を依頼してきました。内容は，「貿易業ですが，取引量はそれほど多くなく，赤字だし，簡単ですよ」とのことでした。面談して詳しく内容を聞いてみると，以下のような状況でした。

【基本状況】

① 業種：貿易業
② 売上：日本本店の売上は，1,000万円以下
③ 社員：3人
④ 日本法人の海外支店あり

気になったのは，「④ 日本法人の海外支店あり」という点です。聞くと，日本法人設立後に，外資企業の本国に日本法人の支店という形で支店を設立したということです。理由を聞くと，対外的なブランドイメージのためで，

特に事業上の必要性はなく，海外支店が別法人でも問題ないようでした。これは，大変なことになったなと思い，以下のことを説明しました。

2　本支店との合算で零細企業に特殊論点のフルコース

「海外支店について，海外子会社ではなく，支店形式にすると税務上ものすごく面倒くさいですよ。本店と支店で一体の法人ですので，本支店全体の決算書が必要ですし，支店の所得も必要な分は日本で申告しなければいけません。様々な調整も必要になります。特殊論点がフルコースででてくるようなイメージです。なんで海外支店を別法人にしなかったのですか？」といった説明をすると，「エー！　知りませんでした。誰もそんなアドバイスはしてくれませんでした」という反応でした。

結局，その期は本国の会計事務所にも協力してもらいながら，苦労して本支店合算決算書を作成して申告し，結局支店は廃止して海外子会社にして出直すという選択をすることとなりました。

⑴　支店の取扱い

海外支店の取扱いはとてつもなく面倒です。ゆえに，税務的には特別な理由がない限り，避けた方がよい存在といえます。

⑵　現実的には海外支店の財務資料を活用するが……

合算財務資料を作成する場合，外国の伝票を日本で起票するのは現実的ではありませんので，海外支店が現地当局への申告用に作成している財務資料を活用して，本支店合算財務資料を作成していくことになります。

❶　減価償却の調整

基本的には海外の本店の財務資料を参考に合算財務資料を作成しますが，面倒なのは，減価償却などは耐用年数が異なりますので，調整が必要になります。

❷　為替換算

海外支店の財務資料は当然ながら円への為替換算も必要になります。

❸ 内部取引の整理

本支店会計ですので，当然ながら内部取引の整理も必要になります。これも外国語の帳簿を見ながらの整理ですと，とてつもなく面倒ということになります。

上記を鑑みますと，銀行等の規制業種を除けば，よほどの理由がない限り，海外の拠点を日本法人の支店形式で持つというのは，税務申告の面からは全くお勧めできないというのがおわかりいただけるかと思います。上記を海外の会計士や財務担当と外国語でコミュニケーションをとりながら，整理していくというのは，かなりの難行です。

図表2-6 本支店合算財務資料作成のイメージ

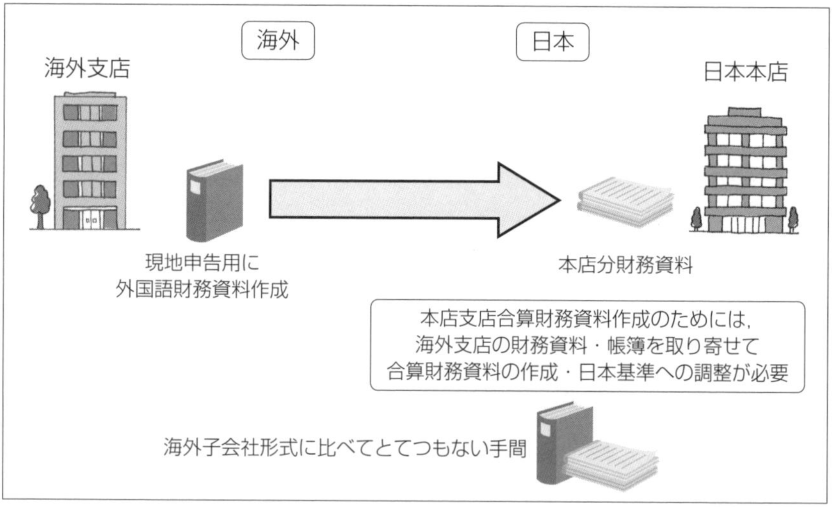

(3) ビジネス上の問題

上記のほか，海外支店の倒産隔離の問題など，当然ながらビジネス上の問題点もあります。ゆえに，よほど積極的な理由がない場合は，支店形式で海外拠点を持つのは避けるべきといえるのではないでしょうか。

3　お節介や素朴な疑問も有用

この事例から改めて思ったのは，最初の設計で間違うと修正が非常に面倒なため，設計段階から税務の論点を検討するのが理想的であるなという点と，外国企業については，「おせっかい」や「素朴な疑問」も非常に重要かつ，有効であるなという点です。押し出しのよい外国企業の経営者や担当者がやって来て「こうやりたいのだ！」と言うと，日本の税理士としては「方法を変えた方がいいと思うけど，やりたいと言っているからそのままやった方がいいのかな？」と，意図がよくわからないなあと思いつつ，別に違法ではないので依頼者の依頼どおりやるということをしがちです。

しかし，お節介ではありますが，「普通はこうしますよ。この方法の方がいいのではないですか？」ということを伝えると，外国企業も最初は，「？」という顔をするものの，真意が理解されれば感謝される場合も多いです。ゆえに，お節介や素朴な疑問を確認するといった行為は，外国企業に対しては，勇気を持って積極的に行っていくという方針がよいのではないでしょうか。

一方で，外国企業に対して，反対意見や修正意見を論理的に説明するというのは，膨大な時間とエネルギーを要する行為です（通訳，翻訳も，誤訳があると大変であるため，非常に神経を使います）。これをやる根気がないと，外国企業対応を適正にやっていくのはなかなか難しいのではという気もします

図表2-7　外国企業と税理士

し，このあたりが筆者も日々エネルギーを使って心身ともに消耗している点にはなっています。

4　顧問契約を締結する税理士は外国企業と相性がよい

税理士が外国企業と接触する時点は，他士業に比べかなり後かもしれません。一方で，税理士は企業の毎年の税務申告を行い，定期顧問となって，多くの場合毎月企業とコミュニケーションをとりながら業務をやっていくという仕事です。その場合，税理士は顧客企業に対し，「安定的に利益を出し，健全に成長していってほしい」と思っており，そのために，顧客企業が誤った方向に行きそうな場合は，先手先手を打って，軌道修正をしていくという特質を持っています。そのため，面倒な消費税の話も，頑張ってするわけです。

こういった税理士の長期的視点と，軌道修正のアドバイスを積極的に行うという姿勢は，実は外国企業に求められている点であり，理解されれば外国企業，外資企業のパートナーとしてマッチする特質を税理士は持っているのではないでしょうか。

第3章 会計事務所との契約

1 設立前相談の必要性と現実

理想としては外資進出企業には，設立前から日本の税理士に計画を相談いただきたいところです。しかし，現実には設立してから税理士との顧問契約に至るケースが圧倒的に多く，与えられた条件の中で仕事をしていかざるを得ないケースが多いです。

次は，税理士事務所と外資企業の付き合い方のファーストステップとしての顧問契約について見ていきたいと思います。

2 外資企業との顧問契約

1 外資企業との契約書は大変重要

外資，外国企業の業務を受託する場合，当然ながら最初にやるべきことは契約の締結となります。対日本企業との契約の場合，よくあるステップの一つで，定型の契約書を送ればそのまま特に物言いがつくことなく，契約締結というケースが多いかもしれません。しかしながら，外国企業相手との契約の場合，頭を切り替えた方がよいと筆者は考えています。外国企業（逆に日本が特殊ということかもしれません）にとって，契約の締結は大変重要です。

2 ひな形の内容そのままで契約されることはない

日本の会社同士の契約書の場合，ひな型があり，契約書に関する交渉の中心は価格についてであり，契約書の文言について細かい物言いがつくことはそれほど多くはないようです。しかし，対外国企業の場合はそうはいきません。細かい文言でも，是非についての応酬があります。これはどちらかというと当たり前のことと認識しておいた方がよいかと思います。業務も実施前ですし，お互い相手のこともわかりませんので，ウォーミングアップの感覚で，しっかりとしたやりとりをしておくのがよいでしょう（顧客側もわりとそういった感じで，探りのジャブを入れてきたりします）。

3 要求は盛り込むべき

要求などがある場合は，しっかり盛り込むべきですし，受け入れらないものは受け入れられないとはっきり主張する方がよいでしょう。「とりあえず始めてみるか」で始めると後々苦しむことにもなりますし，主張に確固たる考えや信念があるのであれば，しっかりと理論的に伝えることが肝要です。たまに，外国企業担当者が個人的な判断で要求しているときもあり，その際はしっかりと伝えると対応が変わるということもあります。

参考までに筆者の事務所の業務契約書例を以下のとおりご紹介します。

例えば，現時点での業務内容と，業務が増加した場合の業務が増加した場合の追加報酬の可能性を明確にするため，業務契約書の顧問報酬の条項に下記のような文言を契約書に盛り込む場合もあります。

【顧問報酬等】

第２条　甲は，乙からの第1条に定める業務を享受するため，記帳代行及び決算書類，法人税申告書作成報酬（消費税申告書作成報酬は含まない）として〇〇万円（消費税等別）を甲は乙に支払うものとする。当該報酬は甲の事業活動が基本的にないことを前提としており，甲が事業活動を開始した場合，ひと月あたりの相談，作業時間が通常想定される範囲を大幅に超過した場合，消費税等の納税義務が生じた場合，税務調査の立会いなど通常の業務以外の業務が生じた場合，乙は別途追加報酬の請求や顧問報酬の改定を甲と相談することができるものとする。また，業務上発生した交通費等の実費については，甲が認めたものについて乙は甲に請求できるものとする。上記業務報酬に関する甲乙の相談が合意に至らない場合，契約の解除をすることができる。

かなりくどい印象はしますが，こういった文言を盛り込んでおくと業務が増加した場合に，報酬改定の相談が非常にしやすくなります。また，先方にも実際の業務イメージがわくのと，会計事務所がどういった点を心配しているかが伝わるといった効果もあると考えています。

また，資料の提供責任等については，以下のような条項を記載する場合もあります。

【資料等の提供及び責任】

第7条　業務実施のための資料等の提供及び責任については，以下の通りとする。

1．甲は，委任業務の遂行に必要な説明，書類，記録その他の資料(以下「資料等」という)をその責任と費用負担において乙に提供しなければならない。

2．資料等は，乙の請求があった場合には，甲は速やかに提出しなければならない。資料の提出が乙の正確な業務遂行に要する期間を経過した後であるときは，それに基づく不利益は甲において負担する。

3．甲の資料提供の不足，誤りに基づく不利益は，甲において負担する。また，甲の資料の提出，協力状況の不足から，乙の適正な業務遂行が難しいと乙が判断した場合には，乙は業務契約を解除することができる。その際，契約解除を行った月までの報酬については，甲は乙に支払うものとする。

こちらも，会計事務所にとっては万が一の事態が起きたときに安心できるのと，顧客企業にも上記同様「会計事務所がどこを心配しているか」という点が伝わるものと思います。上記条項については，これまでの経験では顧客企業から疑義があったことはありません。ゆえに，内容的には妥当なものと思われますが，会計事務所としては安心のためにいれておきたい条項です。

4 契約締結段階では侃々諤々でも実務はスムーズに進むケースも

契約書検討段階では，おそらく日本企業と異なり，様々な質問などが取り交わされることが多いものと思います。しかし，これは顧客が意地悪をしているからというわけではなく，外資企業と契約を交わす以上必ずでてくる必要な過程といえるでしょう。「そんなことを聞くのか？」と思うような質問もあるかと思いますが，実際実務が流れていくとわりと柔軟にやってくれるケースも少なくありません。じっくりと対応しましょう。

5 論理的なやりとり

外資企業とのやりとりでは論理性が重要になります。「なぜ，こうなっているか？」について，全て論理的に説明をすることが肝要で，その後の信頼関係，業務のやりやすさにつながると考えます。

6 管轄裁判所

管轄裁判所を書く欄がありますが，これは日本にしましょう。日本法人同士の日本法に基づく裁判で，わざわざ外国で裁判するというのは，あり得ませんので，納得してもらえるかと思います。以下のような文言をいれるのが一般的です。

【準拠法及び裁判管轄】

第12条　本契約の準拠法は日本法とし，本契約に関する一切の紛争については，東京地方裁判所を第一審の専属的合意管轄裁判所とする。

たまに，「裁判所を（本国のある）外国にしてくれ」などと言われますが，「日本法人同士の契約で，根拠法は日本法になりますよね？」という点をしっかり説明すると，納得していただけます。

7　言　　語

6と関連しますが，これも日本語にしましょう。管轄裁判所が日本であるのに，外国語を言語とするのは非常に不便です。日本語版を原本とし，外国語版は参考用とするのが望ましい形です。

3　事務所のスタンスを説明する絶好の機会

外資企業との業務は，もちろん業務契約の締結からです。しかし，この業務契約の締結もひと仕事であり，かつ，本格的に技術的な面で顧客企業担当者とのやりとりが始まることから，非常に重要なフェーズといえます。特に，外資企業は契約書を重視するため，契約書の文言について激しい応酬があるような場合もありますが，相互に相手のスタンスや重視するポイントを知る絶好の機会でもあるため，「時間も手間もかかるもの」ととらえてじっくりと対応していくことが，今後の業務のよい出発点となるのではないでしょうか。

COLUMN 5　国際契約書の印紙税（契約書を作成した国はどこ？）

1．印紙税は必ず出てくる税金（でも税理士試験の受験科目にはない）

印紙税は実務で必ず出てくる税金ですが，あまりスポットライトが当たることはありません。税理士試験の受験科目にもないのですが，「○号文書」という文書の種類の考え方などは，抽象的，主観的で突き詰めるのは難しい面もあるように感じます。実務での活用頻度を考えると，税理士試験の受験科目にあったらいいのになと個人的には思っています。

2．外国法人と日本法人の契約書の印紙税は？

国際業務をやっているとたまに悩むのが，「外国法人と日本法人で締結した契約書の印紙税は課税なの？」という点です。印紙税法上は，「日本国内で作成された文書」について課税されることになっています。とすると，「日本国内で作成とはなんぞや？」という点が論点になりますが，これは日本の印紙税法上は契約書の場合，双方合意した時点，サインがそろった時点で作成完了と解釈します。ゆえに，契約書を郵送するような場合は，日本でサインして海外へ郵送し，海外で両者のサインがそろう場合は国外作成で日本の印紙税は不課税，海外でサインして，日本で両者のサインがそろう場合は日本の印紙税が課税ということになります。

3．中国の印紙税は？

中国でも「印花税」という日本の印紙税に相当する税金があり，「中国で作成された文書に課税」されることとなっています。

4．あら不思議！　金券ショップで印紙を買えば消費税分お得！

節約ブログのようで恐縮ですが，印紙を金券ショップで買うと，消費税原則課税事業者なら消費税の仕入税額控除ができますので，消費税分お得となります。ただ，現実的にはなかなか高額印紙の在庫が金券ショップにはないようです。

COLUMN 6　長年の契約と信頼関係（ネイティブスタッフの起用）

1．契約初年度はかなりの苦労

通常の顧客での契約初年度は，最も手間がかかるかと思います。ましてや，日本進出が初めてである外資企業等になると，何をかいわんやで，会計事務所としては一から全て日本のルールを説明し，時には衝突し，かなりの負荷がかかります。

2．2年目からは一気に楽になる場合も

一方，会計事務所というものはありがたいもので，１年ひとまわりすれば要領がわかり，かなり楽になるという面があります。これは顧客においても同様です。特に，筆者の経験では，本国では上場企業である外資企業の場合，そもそもの親会社スタッフは能力の高い人が多いため，いったん理解したことは間違いなく処理できる部分もあり，２年目から非常にスムーズに流れるといった傾向が顕著です。

3．貴重なネイティブスタッフの起用法

零細会計事務所にとっては，会計以外のスタッフというのは非常に貴重で，おそらくネイティブの通訳スタッフというのも一人雇うのがせいぜいという場合が多いかと思います。そのたった一人のネイティブスタッフを，かなり特殊な会計，税務でのコミュニケーションができる戦力となるよう，いかに育てていけるかがポイントではないかと考えています。

特に通訳内容については，簡単にいいますと本書に書いてあるような「中小法人判定，移転価格，非居住者源泉徴収，届出」といった内容を外国人相手に通訳しなければならないわけですので，どんなに優秀な外国語人材でもトレーニングは必須と考えます。なお，面白いもので通訳スタッフも１年くらい経つと，一気に効率がよくなる時点があるように感じています。

第4章 設立時の届出とその影響

外資企業において，税理士の関与前等に届出書を未提出であったことによるトラブル事例はいくつかあります。代表的なものとその対処方法などを以下に記載します。

1　そもそも全てが未提出

外資企業を設立したにもかかわらず，何も提出しておらず，それが決算になって相談に訪れるというケースがあります。この場合，一から全て提出しなければならず，青色申告承認申請が下手をすると３期目からの適用となってしまう場合もあります。また，源泉所得税が原則のままですと，納税していないケースが多いため，士業の報酬などがある場合は，期限後で納税をしなければなりません。対策としては以下のとおりです。

1　欠損金対策

青色申告承認申請を出し忘れている場合などは，いくら赤字を出しても翌期以降には繰り越せないこととなります。ただ，いまさらどうしようもありませんので，任意償却のもの（創業費，開業費，固定資産）等は極力償却をしないといった方法が考えられます。

2　事業年度変更

もう一つの方法としては事業年度変更が考えられます。青色申告承認申請の設立期以外の効力は，「提出した事業年度の翌事業年度から」となっています。この場合は，会社の状況によっては事業年度変更も検討に値します。提出してすぐ決算を迎え，翌事業年度から青色の適用を受けるという方法です[1]。

図表4-1 12月決算で青色決算書を出し忘れていた場合（2021年3月時点）

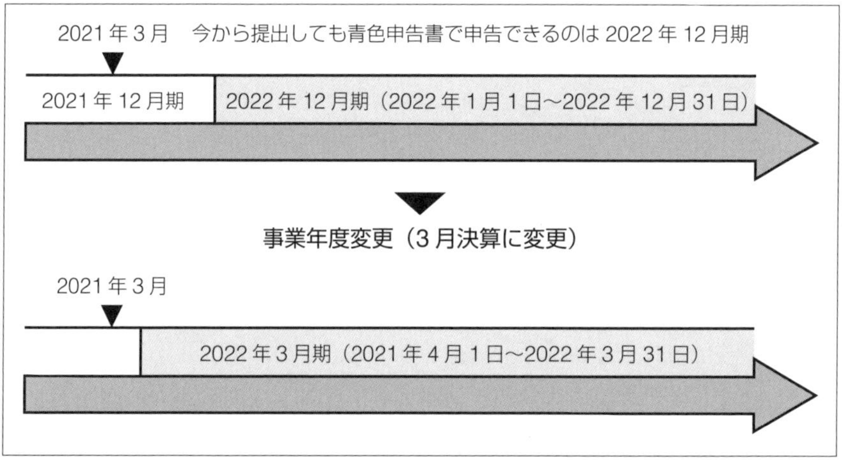

COLUMN 7　法人税法上の繰延資産（礼金も任意償却）

「繰延資産」という勘定科目があります。専門家以外にはわかりにくい概念なのですが，「支出したけど，その効果が将来にわたって発現されるもの」などと定義されています。「それって前払費用じゃないの？」と思いますが，「前払費用は除く」とこととされており，また，会計上の繰延

1　異動事項に関する届出（https://www.nta.go.jp/taxes/tetsuzuki/shinsei/annai/hojin/annai/1554_5.htm）
青色申告書の承認の申請（https://www.nta.go.jp/taxes/tetsuzuki/shinsei/annai/hojin/annai/1554_14.htm）

資産と法人税法上の繰延資産は概念が異なります。実務上，税理士でも「そうだったっけ？」となる場合もありますので，本コラムでは法人税法上の繰延資産について解説します。

１．法人税法上の繰延資産とは？

「法人が支出する費用のうち，支出の効果が１年以上に及ぶもの（前払費用を除く）」が，法人税法上の繰延資産に該当するとされています。具体的には「創立費，開業費，資産を賃借し又は使用するための費用」等が該当します。

２．不動産の礼金，保証金償却部分も該当

「資産を賃借し又は使用するための費用って何？　と思いますが，賃借不動産の場合の更新料，礼金等が該当することになっています。会計上は長期前払費用などに計上することも多いため，専門家でも「そうだったっけ？」となる場合があるようです。

３．任意償却

「法人税法上の繰延資産に該当するのはわかったけど，だから何なの？」と思われるかもしれませんが，大きなポイントは固定資産の減価償却と同様，法人税法上の繰延資産の償却は任意償却であるという点です。ゆえに，償却限度額の範囲内の償却額（損金経理した金額）のみ，損金算入が認められ，償却しなくても税法上は問題ありません。また，法人税申告書別表にも記載欄があります。「青色申告書を出し忘れて，今期は白色申告になっちゃったけど，大赤字です」というような場合，無理に償却しないという判断もあり得ます。外資企業では，通常の国内企業ではあまりない，「届出書の出し忘れ」がある場合もありますので，こういった判断も必要になる場合があります。

2　納期特例等未提出・源泉所得税納付の案内なし

全て提出していない場合以外に，設立業者が最低限設立届出書，青色申告承認申請書を提出してくれている場合も，源泉所得税の納期特例の承認申請を出していない場合や，源泉所得税を控除して請求しているのに，納付がされていない場合等があります。

この場合の対処法としては納付するしかありません。不納付加算税が発生する場合もありますので，顧客への説明等が必要になります。

金額によっては延滞税，不納付加算税等のペナルティが発生しない場合もありますので，事前に把握しておくと冷静に対応でき，顧客企業も安心する場合もあります。

1　不納付加算税

源泉所得税が期限内に納付されなかった場合,不納付加算税が課されます。源泉所得税にかかる不納付加算税は，納付すべき本税の10%となります。

しかし，税務署からの指摘を受ける前に，自主的に納付した場合は，納付すべき本税の５%となります。

また，不納付加算税は以下の場合には免除されます。

①　不納付加算税の金額が5,000円未満である場合

②　「法定納期限の翌日から１か月以内に納付され」，かつ「その直前１年分について納付の遅延をしたことがないこと」(偶発的な納付遅延)

③　「法定納期限の翌日から１か月以内に納付され」かつ「新たに源泉徴収義務者となった者の初回の納期に係るものであること」(初回の納付遅延)

【源泉所得税及び復興特別所得税の不納付加算税の取扱いについて（事務運営指針）】

> （注）　通則法第119条第４項《国税の確定金額の端数計算等》の規定により加算税の金額が５千円未満であるときは，その全額を切り捨てることとされているが，この場合，加算税の金額が５千円未満であるかどうかは，所得の種類ごとに，かつ，法定納期限の異なるごとに判定する

ことに留意する。

（国税庁ホームページ）

上記の事務運営指針のとおり，所得の種類別（給与か報酬か），さらに納期限別に切り捨ての判定をしてくれることになります。

2 延 滞 税

税金が定められた期限までに納付されない場合には，原則として法定納期限の翌日から納付する日までの日数に応じて，利息に相当する延滞税が自動的に課されます。

【No.9205　延滞税について】

2　延滞税の割合

法定納期限（注1）の翌日から納付する日までの日数に応じて次の割合により延滞税が課されます。

［令和3年1月1日以後］

(1)　納期限（注2）の翌日から2月を経過する日まで

原則として年「7.3％」

ただし，令和3年1月1日以後の期間は，年「7.3％」と「延滞税特例基準割合（注3）＋1％」のいずれか低い割合となります。なお，具体的な割合は，次のとおりとなります。

令和3年1月1日から令和3年12月31日までの期間は，年2.5％

(2)　納期限の翌日から2月を経過した日以後

原則として年「14.6％」

ただし，令和3年1月1日以後の期間は，年「14.6％」と「延滞税特例基準割合＋7.3％」のいずれか低い割合となります。なお，具体的な割合は，次のとおりとなります。

令和３年１月１日から令和３年12月31日までの期間は，年8.8％

（略）

４　延滞税の端数計算

（1）　本税の額に10,000円未満の端数があるときは，これを切り捨てて計算します。

（2）　計算した延滞税の額に100円未満の端数があるときは，これを切り捨てて納付することになります。

（国税庁ホームページ）

上記のとおり，不納付加算税，延滞税とも計算の母数や，切り捨ては様々で複雑ですので，期限を過ぎてしまった場合は，まずは延滞税，不納付加算税について詳細に試算をして対応を考えていくのがよいでしょう。

3　消費税関係

消費税に関してもしかりで，初期投資や輸出売上での還付が見込まれる場合，課税事業者選択の検討，簡易課税の検討なども，税理士がついていなければ，想像がつくかと思いますがほぼノーマークです。こちらも，日本人税理士の視点からみると，「損をしているなあ」というものが残念ながら少なくありません。例えば，資本金を無意味に1,000万円ぴったりに設定しており，当初から意図せず課税事業者になっている場合などが該当します。

まずは，「消費税の新設法人に該当する旨の届出手続」の届出書を提出し，顧客に２年間は納税義務がある旨を説明する必要があります。また，簡易課税選択届出書の提出が可能である場合はその旨も説明する必要があるでしょう[2]。

なお，消費税に関してはわかりにくく，かつ税務リスクも多い論点ですの

2　消費税の新設法人に該当する旨の届出手続（https://www.nta.go.jp/taxes/tetsuzuki/shinsei/annai/shohi/annai/1461_09.htm）

で，決算期ごと（届出書の提出期限ごと）に下記のような確認書を顧客からとっておくのも一つかと思います。

【参考：消費税確認書】

2021年５月期，2022年５月期　消費税に関する確認等
（2021年５月期，2022年５月期 有关消费税确认）

消費税課税事業者選択届書に関する確認
/有关消费税课税事业者选择备案的确认

１．消費税課税事業者選択の届出の確認
（消费税课税事业者选择备案的确认）
2021年５月期,2022年５月期（開業期以降は,届出書は前期中に提出）は，届出を出していないため現在のところ免税事業者です。通常は免税事業者有利ですが，仕入や設備投資等が多い場合は課税事業者が有利になる場合があり（ただし，いったん提出すると２年間は課税事業者に固定されます），その場合は2021年５月末までに課税事業者選択届出書を提出する必要があります。
2021年５月期，2022年５月期について課税事業者選択届出書を提出されますか？

2021年５月期，2022年５月期（开业期以后，备案要前期之内提交）贵公司没提交备案，所以现在属于免税事业者。一般来说，作为免税事业者有利。但是,若采购或设备投资多,选择课税事业者可能会有利。（但是,一旦提交，固定为课税事业者）若是此情况，需要在2021年５月末之前提交课税事业者选择备案。
2021年５月期，2022年５月期，提交课税事业者选择备案吗？

回答のどちらかに○をつけて，サインをお願いします。
（请在下述两项中选择一项画○并署名）

回答（免税事業者〈提出せず，免税のまま〉，課税事業者〈課税事業者選択届出書を提出〉）
回答（免税事业者〈不提交，还是免税〉，课税事业者〈提交课税事业者选择备案〉）

日付　サイン　＿＿＿＿＿＿＿＿＿＿＿＿＿＿＿＿
日期　署　名　＿＿＿＿＿＿＿＿＿＿＿＿＿＿＿＿

なお，上記確認書は，免税の際の確認のパターンですが，会社や時期ごとに様々な状況がありますので，その都度，書き換えて確認をとる必要があります。余談ですが，会計ソフトでこの辺りの確認を自動でやってくれるような機能があれば楽だとは思うのですが，パターンが多すぎるためか，はたまたニーズがないためか，そこまでの機能は現在のところないようです。

3　日本銀行の対内直接投資の届出

1　日本銀行の対内直接投資の届出

税務ではありませんが，設立時の届出関係で，外資企業の場合，外為法上，日本銀行に届け出なければいけないという届出書が存在します。ただ，その存在をあまり知られていないためか，提出していないケースもかなりあるようです。「会計事務所の守備範囲なのか？」というとそうではありませんが，設立時にまだ設立代行業者とつながりがあるのであれば，その段階で，ないようであれば注意喚起としてお知らせしておくのがよろしいのではないでしょうか。

2 届出概要

届出は，「対内直接投資等の届出及び変更勧告等」というもので，提出期限は会社設立登記日の属する月の翌月15日までとされています。また，業種によっては事前届け出が必要な場合もありますので，業種の確認も必要です[3,4]。

3 実務的な浸透度

なお，当該制度は出資者が非居住者（すなわち外資企業）の場合にのみ適用になるものであるため，実務的な浸透度は必ずしも高くないようで，感覚的には設立代行会社(司法書士等)が提出しているケースの方が稀です。ゆえに，外資企業から依頼があった場合には，念のため確認しておくのがよいかと思います。

3 「外為法Ｑ＆Ａ（対内直接投資・特定取得編）
日本銀行国際局国際収支課外為法手続グループ（令和２年６月）(https://www.boj.or.jp/about/services/tame/faq/data/t_naito.pdf)
4 「届出書様式および記入の手引等」日本銀行（https://www.boj.or.jp/about/services/tame/t-down.htm/#p03)

第5章 事業開始前の体制準備①
―日本の税務ガイダンス―

役所の新年度の手続がひと段落した6月，7月頃は，日本の税務，社会保険では，新年度分の住民税の通知や，固定資産税の納付書の発送，社会保険の年度更新手続など，重要な年次行事が目白押しです。

我々日本人は，こういったものは「会社総務の季節の風物詩」として一般の方でも，過去の経験からある程度把握している面はあります。しかし，外資企業，外国人は，特に日本進出1年目はそうはいかない場合も多いです。そのため，事前に年間スケジュールの案内や，そもそもの日本の税務の概要ガイダンス等を外資企業へ説明しておくことが有効です。

1　基礎情報の提示と教育の重要性

1　知識の前提が異なる

税務顧問を受任する場合において理解しておかなければならないのは，彼らの祖国とは税務の制度が異なるという点です。制度が異なるのは当然ですが，我々日本人にとって「常識」と呼べるレベルのものから異なる場合もあります。

具体的には，諸外国ではインボイス（中国では発票）制度を採用している国が多く，日本の領収書などはうまく理解されないこと，日本は法人税も国税と都道府県民税，市町村民税の三重構造となっていること，役員報酬の制限が多いこと，そして，所得税源泉徴収の対象が幅広いといった点が挙げられます。

図表5-1　外資企業が当初とまどう日本の税務

項目
①　インボイス制度がない。付加価値税が帳簿方式
②　消費税の届け出による有利，不利
③　国，都道府県，市町村の三重構造
④　源泉徴収の対象が広い
⑤　役員報酬に制限が多い

外資企業からの表面的な質問の一つに「日本の法人税率はいくらですか？」というものがあります。日本の税理士も「はいはい，法人税率は23.2％です」と答えたりしますが，そもそもの前提が異なり，国税，地方税の三重構造となっている点や，軽減税率部分，事業税の損金算入などは全く考慮していない場合があります。お互い会話をしていても，前提が異なるので，考えている内容は違うということになります。たかが税率の会話でもこういったことが生じるので，外資企業とのコミュニケーションが膨大な手間を要する点と，リスクがある点は理解いただけると思います。

図表5-2　外資企業との法人税率の会話

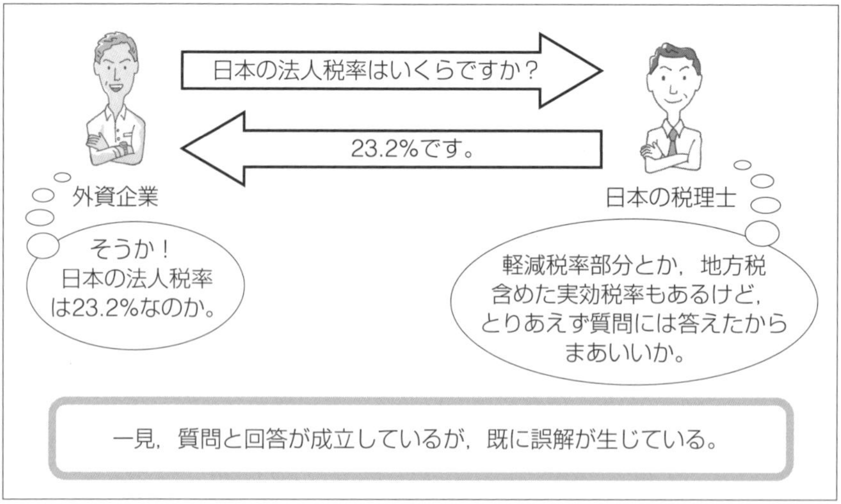

こういった対策のため筆者の事務所では後述のような日本の税務の案内資料を日本語，中国語で作成しています。最初の外資企業との接触時にこういった資料が提供できるとスムーズではないでしょうか。

2　教育の必要性

日本の顧客なら問題なく進むようなことも，外資企業の場合，「なんで，そうなるのだ？　説明してください」と，不信感を持たれるようなケースもあります。不信感は抱かれなくても，できれば「かゆいところに手が届く」といった事前説明があると，「なるほど！　さすが！」とスムーズに業務が進みやすいでしょう。そういった面でも，国内顧客への税理士業務でも行っている顧客への啓蒙，教育といったものは，外資企業についてはより重要といえ，「当たり前のこと」からクドイくらい説明をしていくのが望ましいといえます。

図表5-3　よくあるジレンマ

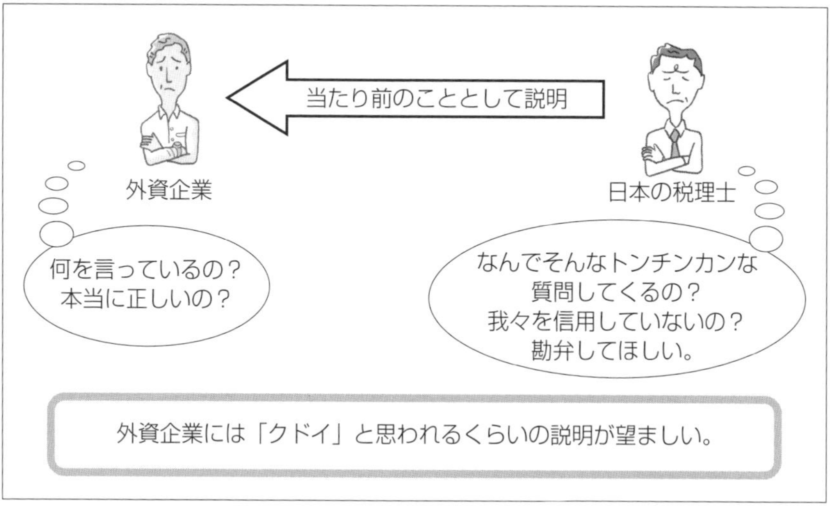

3　本国親会社が上場企業・大企業の場合

(1)　法律を根拠とした論理的説明がより重要

十分な説明は外資企業が本国では大企業や上場企業である場合，より重要になってきます。日本子会社は従業員数名の零細企業であっても，本国では上場企業という場合も多いです。そうなると，外資企業もコンプライアンスを重視しており，本国側の担当者もかなり論理的な説明を求めてきます。

図表5-4　外資企業規模別顧客ニーズ

種類	重視する項目等
オーナー型小企業	経営，相性
上場企業等	論理性，コンプライアンス，連結財務資料作成のための月次財務資料の納期の早期化

(2)　企業本社の各部門エキスパートへの対応

特に多いパターンとして，開業初期などで，日本子会社の取引量はたいしたことがないにもかかわらず，本国のバックアップ部門のエキスパートが徹底的な説明を求めてくるケースです。本国の財務部門，人事部門等のエキスパートが代わる代わる日本子会社の状況について，日本の顧問税理士を外国語で質問攻めにします。日本の税理士にとってはかなりハードで，さながら格闘技の乱取りのような様相を呈することになりますが，ここで信頼してもらえると，その後の業務がスムーズになるため，税理士としても踏ん張りどころです。

(3)　外国語資料の充実

本国からの質問に備えるため，税務の基礎的な前提を説明するための資料を，英語や中国語等の外国語を併記して，徐々に作成していくと以降の外国企業対応業務がスムーズです。

最初は膨大な手間がかかるものの，資料があれば，まずそれを出せば，上記「税理士乱取り」の際の苦労もだいぶ省けるため，外資企業対応業務があ

図表5-5　親会社各部門担当者による日本の税理士への質問

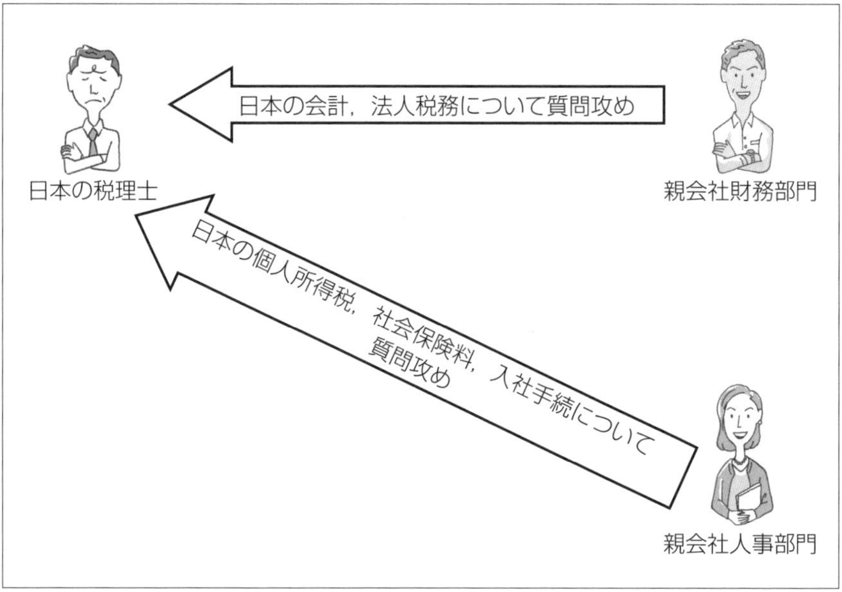

る程度のボリュームになるのであれば，是非こういった外国語での説明資料は充実させていくべきでしょう。

筆者の事務所では以下のような資料を作成しています。

【資料】

2020年３月時点

外資企業日本法人向け　日本の税務概要とポイント

１．概要

日本の税制は，税種はオーソドックスで中国と似ている部分もあります。大まかな税金の種類はほぼ同じですし，会計に基づき作成した決算書に，税務調整をして法人税を計算していくといったスタイルも同様です。一方で，税金の徴収当局が国，県，市の三重構造になっている点や，法人税法における同族会社に対する制限，源泉所得税の徴収義務や，帳簿方式による消費税の計算など，日本独自のシステムもあります。本ニュースでは，日本の税務の概要と，特徴的なポイントを解説します。

２．構造　国，県，市の三重構造

まず，税金を徴収する政府部門が，日本では

①　国（税務署）

②　都道府県（県税事務所）

③　市町村（市役所税務課）

の３つに分かれています。メインは①の国であり，②，③は国への税務申告書で計算された金額をもとに，県民税，市税を計算するというスタイルを基本的にはとっています。ただし，固定資産税や均等割のように，地方独自の計算体系をもつ税金もあります。また，個人の住民税は１年遅れで納税することになっており，2019年の所得を基準に計算された住民税は2020年に納税するため，かなり特殊なシステムといえ，日本人でも戸惑う人が多くいます。（高額の所得があった年に，お金をほとんど使ってしまい，翌年の住民税が払えないなど）なお，東京23区は特殊であり，②と③が一本化されて，都税事務所の管轄で都税のみの課税（納税額は実質的に②と③の合計）となっています。

３．法人税

①　税率と三重構造

国税である法人税の標準税率は，23.2％となっています。しかし，都道府県民税，市町村民税が法人税を課税標準として課税されるため，実質的な法人税率は地方税を加算した税率になります。また，ややこしいことに都道府県民税の一部の法人事業税は，納税した期の損金に算入することができるため，その税効果も考慮する必要があり，そちらも考慮した税率を実効税率と呼び，その税率は以下のとおりと

なっています。

【中小法人の実効税率（令和２年)】

区分	税率
年400万円以下の所得	21.37%
年400万円超800万以下の所得	23.17%
年800万円超の所得	33.58%

ゆえに，一般的には実効税率を法人の実質的な税率として考えていきます。

②　役員に対する制限

また，日本の法人税法では，法人の役員に対して様々な制限があるのが特徴的です。これは，日本には税法上同族会社（ファミリー経営の会社）という概念があり，同族会社は不当に節税行為を図ることができるという視点から，様々な制限が加えられているというものです。その制限の一つが，役員に対する給与に関する損金算入の要件です。

代表的なものが,「定期同額」であり，役員に対する報酬は期首から３カ月以内に株主総会等で決議して，毎月同額を支給する必要があります。毎月，給与を変動させてしまうと法人税法上損金算入できなくなりますのでご注意ください（外資企業ではこのミスが多いです)。

4．所得税，源泉所得税，非居住者に対する源泉所得税

個人には所得税が課されます。法人に関係する所得税で主なものは，①毎月の社員の給与の源泉徴収，②士業の源泉徴収です。

法人は，源泉徴収義務を負っていますので社員や士業に支払をする場合は，必ず所得税の源泉徴収をし，納税をする必要があります。ゆえに，士業なども法人に請求する場合は，義務であるため，源泉所得税を控除

した金額を請求してきますが，その金額は値引きをしてもらったわけではなく，いったん預かって国に納税するという意味での控除ですので，控除した金額は必ず納税しなければなりません。外資企業ではこのルールを知らずに，納税もれとなっているケースが結構見られます。

そのほか，非居住者に対して国内源泉所得に該当する所得の支払を行う場合も源泉所得税の徴収と納税が必要ですので，注意が必要です。例えば外国人の大家さんに家賃を支払う場合，20.42%の所得税源泉徴収が必要となります。

5．消費税

消費税は概要，大まかな計算ロジックは中国の増値税や世界各国の付加価値税と同様です。

「預かった消費税から，支払った消費税の差額を国に納税する」というのが原理原則となります。ただし，日本の消費税の特徴的な点は，現時点では（数年後に日本版インボイスの導入は決定されていますが）インボイス方式ではなく，帳簿方式による計算となっている点です。帳簿方式の特徴は，帳簿に記載された金額に基づき金額を計算するという点で，インボイス方式のように，領収書に記載された消費税を１枚１枚突合して消費税を計算するというシステムではありません。また，免税事業者や簡易課税制度は，日本のオリジナルルールに近い特殊なルールとなっています。免税事業者は，基準期間（簡単にいうと２年前）の課税売上高が１千万円以下なら免税，簡易課税は，基準期間における課税売上高が５千万円以下なら，支払った消費税に関係なく売上に一定率を乗じて消費税を計算するという制度です。

6．地方税　均等割，固定資産税　個人住民税

地方税で注意すべきは，「利益が出ていなくてもかかる税金」です。均等割りは法人である以上，利益に関係なく毎年必ずかかりますし，不

動産を持っていると利益に関係なく持ち主に固定資産税がかかります。たまに，外国人の方で不動産を購入して固定資産税のことを知らずに滞納してしまっている方がいますが，最後は不動産を差し押さえられてしまいますので，納税しなければなりません。

また，社員の方には個人住民税がかかります。１年遅れでかかりますので，当年に中途入社の方などは，前年を課税所得とした住民税を自分で支払わなければならない場合もあります（もしくは，住民税の残りを転職先の法人で毎月納付等)。また，外資企業が雇用して２年目からは，会社で毎月源泉徴収するか，もしくは個人が自分で住民税を支払う必要があります。

７．まとめ　開業期の外資企業にも気を付けていただきたいポイント

上記が税務概要ですが，開業期の外資企業に特に気を付けていただきたいポイントは以下になります。

①　届出関係（青色，納期特例，消費税）
②　資本金額（均等割，消費税）
③　消費税有利判定（免税，簡易，原則）
④　役員報酬関係（定期同額給与）
⑤　源泉所得税関係（士業，納期特例，非居住者）

それでは，皆様の日本での事業が素晴らしいものとなりますよう祈念しております。

Ｇｏｏｄ　Ｌｕｃｋ！

【資料（中国語版）】

于2020年３月

面向外资企业日本法人　日本的税务概要与特点

１．概要

日本的税务制度在税种方面与中国相似，具有普遍性。税金的种类大致一样。而且征收计算方法也一样，都是根据会计制度作成财务报表，然后进行纳税调整来计算法人税。另一方面，日本也有固有的税务制度。比如说，税金征收的政府部门由国家，县，市的三层构造组成；法人税法上对同族公司有一定的限制；代扣代缴的所得税有纳税义务；通过账簿方式计算消费税等等。在这里，我给各位解说日本的税务概要与特点。

２．国家，县，市的三层构造

首先，在日本征收税金的政府部门分为以下三个部门

①　国家（税务处）

②　都道府县（县税事务所）

③　市町村（市役所税務课）

主要是①国家。②，③的基本体制是根据国家的税务申报书计算的金额来计算县民税，市税。但是也有一些税金是地方政府根据独自的计算体制计算的，类似固定资产税，均等割等。另外，个人的住民税是一年后缴纳，比如说根据2019年的所得标准来计算住民税，在2020年缴纳。这可以说是一种非常特殊的制度，也有不少日本人对此困惑不解（有些人在高所得的年度，用光了当年挣的钱，造成了第二年没有钱缴纳住民税的情况）。另外，东京23区较为特殊。②和③合二为一，由都税事务所管理，只征收都民税（实际上的纳税额为②和③的合计）。

３．法人税

①　税率和三层构造

国税的法人税的标准税率是23.2％。但是，都道府县民税，市町村

民税以法人税为标准进行课税，实际上的法人税率还要加算地方税。更麻烦的是，都道府县民税中的法人事业税，可以在缴纳年度进行税前扣除。所以也要考虑其税前扣除的效果。考虑之后的税率称之为实效税率。此税率如下。

【中小法人的实效税率（令和二年）】

区分	税率
年400万日元以下的所得	21.37%
年400万日元超800万以下的所得	23.17%
年800万日元超的所得	33.58%

所以，我们把实效税率作为法人的实际上的税率。

② 对法人董事的限制

对法人董事制定各种限制是日本法人税法的一个重要的特点。在日本税法中有同族公司（家族经营的公司）的概念。考虑到同族公司有可能进行不适当的节税行为。因此在税务上给予同族公司各种各样的限制。

其中一个限制是对董事报酬的税前扣除设定条件。具有代表性的条件是，「定期同额」。支付给董事的报酬从期首开始三个月之内，由股东大会等决议，之后每个月必须支付同额的报酬。每个月的报酬若有变动，法人税法上就不能进行税前扣除。请务必注意。（在外资企业中较多出现此问题）

4．所得税，源泉所得税，非居民的源泉所得税

对个人征收所得税。与法人有关系的所得税主要是①每个月职员工资的代扣代缴的所得税②士业（律师，会计士，税理士等人员）的代扣代缴的所得税。

法人承担代扣代缴的义务。所以，法人支付工资给职员或支付报酬给士业人员的时候，一定要代扣代缴所得税并缴纳。所以，士业人员要求法人

付款时，因为代扣代缴是法人的义务，所以他们会从要求支付的金额中扣除代扣代缴所得税部分。但是上述扣除的金额并不是打折，而是先预存在法人处，之后须向国家缴纳。一些外资企业由于不了解这个规则常常发生漏税问题。

另外，支付给非居民报酬时，对报酬中属于国内源泉所得的部分要代扣代缴所得税。请务必注意。比如说，向居住在国外的房东支付租赁费时，要代扣代缴20.42%的所得税。

5．消费税

消费税的概要以及大致的计算逻辑是跟中国的增值税，世界各国的附加价值税一样的。

从预收的消费税中抵扣支付的消费税，它们之间的差额须向国家缴纳是根本原则。但是日本的消费税的特点是现在采用的不是税务invoice方式，而是账簿方式（日本的税务已决定数年后会导入invoice方式）。账簿方式的特点是按照账簿上记载的金额计算，不像invoice方式，是通过核对每张发票来计算消费税。另外，免税事业者和简易课税制度是日本固有的独特的制度。免税事业者在基准期间（简单来说是指两年前的事业年度）的消费税课税收入若为一千万日元以下，可以免税。简易课税事业者在基准期间的消费税课税收入若为５千万日元以下，与已支付的消费税无关，按照收入乘以一定比率的金额来计算。

6．地方税　均等割，固定资产税　个人住民税

关于地方税要注意的地方是，即使没有利润也要缴纳地方税。只要是法人，不管有无利润每年必须要缴纳均等割。如果拥有不动产，不管有无利润，不动产所有者必须要缴纳固定资产税。有时候，购买日本的不动产的外国人由于不了解固定资产税的事而发生滞纳的情况。如果一直不缴纳，最后地方政府就有权扣押不动产。所以必须要缴纳固定资产税。

另外，职员要缴纳个人住民税，缴纳时期在一年之后。中途入社的职员

有可能要自己缴纳住民税，此住民税是按照去年的所得来计算的（未缴纳的住民税也可以由新公司每个月代扣代缴）。此外，入社两年后，必须由公司每个月代扣代缴或个人自己缴纳住民税。

７．总结　开业期的外资企业必须注意的要点

上述内容是税务概要。开业期的外资企业尤其要注意的要点如下。

① 备案（蓝色，纳期特例，消费税）

② 资本金额（均等割，消费税）

③ 消费税有利判断（免税，简易，原则）

④ 董事报酬（定期同额）

⑤ 源泉所得税（士业，纳期特例，非居民）

谨祝各位在日本的事业蒸蒸日上！

Ｇｏｏｄ　Ｌｕｃｋ！

⑷　年間スケジュール表の提示

外国語で年間のスケジュール表等を作成し，事前に提示しておくと有効です。日本の年度変わり後の６月以降の手続ラッシュや，源泉徴収での納税，年末調整，決算月前の消費税の確認等は，外資企業は想定もしていないというケースが多いようです。納税や手続の直前になって，「なんでこんなことやらなければいけないの？」ということにならないためにも，年間のスケジュール表等を日本語，外国語で作成しておくと，経験上比較的やりとりがスムーズに進みます。参考までに，弊社で作成した日本語，中国語併記のスケジュール表の一部を転載します。

こういったものを，問い合わせの多い国の言語で作成しておくとよいのではないでしょうか。最初は大変ですが，一度作成すると後が楽かつ，顧客受けもよいようです。

下記のような年内スケジュール表は毎年決算明けにアップデートして来年1年分の予定をお渡しするのもよいのではないでしょうか。

図表5-6 年間スケジュール表

一般的な法人の年間税務・社会保険スケジュール（一般法人的年度税务社会保险日程）

	国税（国税）		
	法人税（法人税）	源泉所得税（代扣代缴所得税）	消費税（消费税）
1月		1月20日，7-12月分的源泉所得税納付期限。（1月20号，7-12月期间的代扣代缴所得税缴纳期限。）法定調書提出期限（法定调书提交期限）	
2月	12月決算法人税申告期限（12月决算法人的申报期限）		12月決算消費税申告期限（12月决算申报消费税申报期限）
3月			
4月			
5月			
6月			
7月		7月10日，1-6月分源泉所得税納付期限（7月10号，1-6月期间的的代扣代缴所得税缴纳期限）	
8月			
9月			
10月			
11月		年末調整準備（准备年末调整）	
12月		年末調整（年末调整）	翌期の届出書提出期限（下一期备案的提交期限）

※上記，税金，手続きは主要なもののみ記載しています。
上述只记载主要的税金和手续。

例：12月決算法人，予定納税なし，源泉所得税納期特例の届出書提出済み，個人住民税普通徴収の場合
（例：12月決算法人，没有预缴，已提交代扣代缴所得税特例的备案，个人住民税普通征税）

地方税（地方税）		社会保険（社会保险）	
個人住民税 （个人住民税）	固定資産税 （固定资产税）	社会保険 （社会保险）	雇用・労働 （雇用，劳动）
第四期納付（第四次缴纳）	償却資産税申告期限（折旧资产税申报期限）		
	第四期納付（第四次缴纳）		
	第一期納付（第一次缴纳）		
第一期納付（第一次缴纳）			労働保険年度更新（1日 ～7月10日まで）（劳动保险年度更新（1号到7月10号之前）
	第二期納付（第二次缴纳）	標準報酬月額決定（10日まで）（核定社保基数（10号之前））	
第二期納付（第二次缴纳）			
第三期納付（第三次缴纳）			
	第三期納付（第三次缴纳）		

2　社会保険の重要性と他の専門家との連携

1　赤字でも必ず出てくる負担

社会保険は，正社員を採用すると必ず出てくる存在ですが，ある意味で税金よりも重要ともいえます。今や社会保険負担は税金よりも大きく，労使負担合計28%程度となっており，企業にとっては非常に大きな負担といえます。

社会保険料額表は82～83頁のとおりです。

2　人事部門による細かい質問

人事部門担当者の守備範囲はそれほど広くないため，かなり細かい部分まで聞いてきます。筆者も中国系企業を相手にしていて，駐在経験があったため「五険一金」など中国の制度も踏まえて対応しましたが，基本「自国の制度との比較」で聞いてくる傾向がありますので，そこを踏まえて対応すると説明がしやすいです。

3　国内企業より重厚な説明が必要

「日本の企業にもそこまで細かい説明はしたことないよ」というレベルまでも説明することがあります。面白かったのは，厚生年金の中の「児童手当」について外国親会社の担当者に説明した際に，「あの社員は子供がいないのに，なぜそんなものを払う必要があるんだ？」という質問を受けたことです。素朴な疑問ですが，言われてみれば面白い視点だなと感じました（もちろん，「社会全体で負担するという考え方ですので，全員かかります」と伝えました）。

4　税金に比べて計算基数・納付頻度等がわかりにくい

社会保険の納付時期，申告基数も独特です。

(1)　社会保険

社会保険は毎月納付ですが，基数は４，５，６月の支払給与，２等級以上の変更があった場合に臨時改定，賞与の支給もその際届出と，説明を受けなければまずわからないルールになっています。

【定時決定（算定基礎届）】

> ２．標準報酬月額の決定方法
> 毎年，７月１日現在で使用される全被保険者について，同日前３カ月間（４月，５月，６月，いずれも支払基礎日数17日以上※）に受けた報酬の総額をその期間の総月数で除して得た額を報酬月額として標準報酬月額を決定します。

日本年金機構（https://www.nenkin.go.jp/service/kounen/hokenryo/hoshu/20121017.html）

こうした説明をしておかないと，「なんで賞与の手続が必要なの？」など，費用面でトラブルになることもありますので，面倒でもしっかり説明するほかありません。

(2)　労働保険

労働保険は年１回の納付，しかも概算で先に納付して翌年精算，基数は社会保険と異なり，４月１日～３月31日とこれまた説明をしなければわからないルールになっています[1]。

1　「労働保険の年度更新とは」厚生労働省（https://www.mhlw.go.jp/bunya/roudoukijun/roudouhoken01/kousin.html）

図表5-7　社会保険料額表

令和3年3月分（4月納付分）からの健康保険・厚生年金保険の保険料額表

・健康保険料率：令和3年3月分～　適用　・厚生年金保険料率：平成29年9月分～　適用　・介護保険料率：令和3年3月分～　適用
・子ども・子育て拠出金率：令和2年4月分～　適用　(東京都)

標準報酬		報酬月額			全国健康保険協会管掌健康保険料	
					介護保険第2号被保険者に該当しない場合	
					9.84%	
等級	月額	円以上		円未満	全額	折半額
1	58,000		～	63,000	5,707.2	2,853.6
2	68,000	63,000	～	73,000	6,691.2	3,345.6
3	78,000	73,000	～	83,000	7,675.2	3,837.6
4（1）	88,000	83,000	～	93,000	8,659.2	4,329.6
5（2）	98,000	93,000	～	101,000	9,643.2	4,821.6
6（3）	104,000	101,000	～	107,000	10,233.6	5,116.8
7（4）	110,000	107,000	～	114,000	10,824.0	5,412.0
8（5）	118,000	114,000	～	122,000	11,611.2	5,805.6
9（6）	126,000	122,000	～	130,000	12,398.4	6,199.2
10（7）	134,000	130,000	～	138,000	13,185.6	6,592.8
11（8）	142,000	138,000	～	146,000	13,972.8	6,986.4
12（9）	150,000	146,000	～	155,000	14,760.0	7,380.0
13（10）	160,000	155,000	～	165,000	15,744.0	7,872.0
14（11）	170,000	165,000	～	175,000	16,728.0	8,364.0
15（12）	180,000	175,000	～	185,000	17,712.0	8,856.0
16（13）	190,000	185,000	～	195,000	18,696.0	9,348.0
17（14）	200,000	195,000	～	210,000	19,680.0	9,840.0
18（15）	220,000	210,000	～	230,000	21,648.0	10,824.0
19（16）	240,000	230,000	～	250,000	23,616.0	11,808.0
20（17）	260,000	250,000	～	270,000	25,584.0	12,792.0
21（18）	280,000	270,000	～	290,000	27,552.0	13,776.0
22（19）	300,000	290,000	～	310,000	29,520.0	14,760.0
23（20）	320,000	310,000	～	330,000	31,488.0	15,744.0
24（21）	340,000	330,000	～	350,000	33,456.0	16,728.0
25（22）	360,000	350,000	～	370,000	35,424.0	17,712.0
26（23）	380,000	370,000	～	395,000	37,392.0	18,696.0
27（24）	410,000	395,000	～	425,000	40,344.0	20,172.0
28（25）	440,000	425,000	～	455,000	43,296.0	21,648.0
29（26）	470,000	455,000	～	485,000	46,248.0	23,124.0
30（27）	500,000	485,000	～	515,000	49,200.0	24,600.0
31（28）	530,000	515,000	～	545,000	52,152.0	26,076.0
32（29）	560,000	545,000	～	575,000	55,104.0	27,552.0
33（30）	590,000	575,000	～	605,000	58,056.0	29,028.0
34（31）	620,000	605,000	～	635,000	61,008.0	30,504.0
35（32）	650,000	635,000	～	665,000	63,960.0	31,980.0
36	680,000	665,000	～	695,000	66,912.0	33,456.0
37	710,000	695,000	～	730,000	69,864.0	34,932.0
38	750,000	730,000	～	770,000	73,800.0	36,900.0
39	790,000	770,000	～	810,000	77,736.0	38,868.0
40	830,000	810,000	～	855,000	81,672.0	40,836.0
41	880,000	855,000	～	905,000	86,592.0	43,296.0
42	930,000	905,000	～	955,000	91,512.0	45,756.0
43	980,000	955,000	～	1,005,000	96,432.0	48,216.0
44	1,030,000	1,005,000	～	1,055,000	101,352.0	50,676.0
45	1,090,000	1,055,000	～	1,115,000	107,256.0	53,628.0
46	1,150,000	1,115,000	～	1,175,000	113,160.0	56,580.0
47	1,210,000	1,175,000	～	1,235,000	119,064.0	59,532.0
48	1,270,000	1,235,000	～	1,295,000	124,968.0	62,484.0
49	1,330,000	1,295,000	～	1,355,000	130,872.0	65,436.0
50	1,390,000	1,355,000	～		136,776.0	68,388.0

◆介護保険第２号被保険者は，40歳から64歳までの方であり，健康保険料率（9.84%）に介護保険料率（1.80%）が加わります。
◆等級欄の（　）内の数字は，厚生年金保険の標準報酬月額等級です。
4（1）等級の「報酬月額」欄は，厚生年金保険の場合「93,000円未満」と読み替えてください。
35（32）等級の「報酬月額」欄は，厚生年金保険の場合「635,000円以上」と読み替えてください。
◆令和３年度における全国健康保険協会の任意継続被保険者について，標準報酬月額の上限は，300,000円です。

（東京都　健康保険，社会保険　保険料額表）

（単位：円）

全国健康保険協会管掌健康保険料		厚生年金保険料（厚生年金基金加入員を除く）	
介護保険第２号被保険者に該当する場合		一般、坑内員・船員	
11.64%		18.300%※	
全額	折半額	全額	折半額
6,751.2	3,375.6		
7,915.2	3,957.6		
9,079.2	4,539.6		
10,243.2	5,121.6	16,104.00	8,052.00
11,407.2	5,703.6	17,934.00	8,967.00
12,105.6	6,052.8	19,032.00	9,516.00
12,804.0	6,402.0	20,130.00	10,065.00
13,735.2	6,867.6	21,594.00	10,797.00
14,666.4	7,333.2	23,058.00	11,529.00
15,597.6	7,798.8	24,522.00	12,261.00
16,528.8	8,264.4	25,986.00	12,993.00
17,460.0	8,730.0	27,450.00	13,725.00
18,624.0	9,312.0	29,280.00	14,640.00
19,788.0	9,894.0	31,110.00	15,555.00
20,952.0	10,476.0	32,940.00	16,470.00
22,116.0	11,058.0	34,770.00	17,385.00
23,280.0	11,640.0	36,600.00	18,300.00
25,608.0	12,804.0	40,260.00	20,130.00
27,936.0	13,968.0	43,920.00	21,960.00
30,264.0	15,132.0	47,580.00	23,790.00
32,592.0	16,296.0	51,240.00	25,620.00
34,920.0	17,460.0	54,900.00	27,450.00
37,248.0	18,624.0	58,560.00	29,280.00
39,576.0	19,788.0	62,220.00	31,110.00
41,904.0	20,952.0	65,880.00	32,940.00
44,232.0	22,116.0	69,540.00	34,770.00
47,724.0	23,862.0	75,030.00	37,515.00
51,216.0	25,608.0	80,520.00	40,260.00
54,708.0	27,354.0	86,010.00	43,005.00
58,200.0	29,100.0	91,500.00	45,750.00
61,692.0	30,846.0	96,990.00	48,495.00
65,184.0	32,592.0	102,480.00	51,240.00
68,676.0	34,338.0	107,970.00	53,985.00
72,168.0	36,084.0	113,460.00	56,730.00
75,660.0	37,830.0	118,950.00	59,475.00
79,152.0	39,576.0		
82,644.0	41,322.0		
87,300.0	43,650.0		
91,956.0	45,978.0		
96,612.0	48,306.0		
102,432.0	51,216.0		
108,252.0	54,126.0		
114,072.0	57,036.0		
119,892.0	59,946.0		
126,876.0	63,438.0		
133,860.0	66,930.0		
140,844.0	70,422.0		
147,828.0	73,914.0		
154,812.0	77,406.0		
161,796.0	80,898.0		

※厚生年金基金に加入している方の厚生年金保険料率は，基金ごとに定められている免除保険料率（2.4%～5.0%）を控除した率となります。

加入する基金ごとに異なりますので，免除保険料率および厚生年金基金の掛金については，加入する厚生年金基金にお問い合わせください。

○被保険者負担分（表の折半額の欄）に円未満の端数がある場合

①事業主が，給与から被保険者負担分を控除する場合，被保険者負担分の端数が50銭以下の場合は切り捨て，50銭を超える場合は切り上げて１円となります。

②被保険者が，被保険者負担分を事業主へ現金で支払う場合，被保険者負担分の端数が50銭未満の場合は切り捨て，50銭以上の場合は切り上げて１円となります。

（注）①，②にかかわらず，事業主と被保険者間で特約がある場合には，特約に基づき端数処理をすることができます。

○納入告知書の保険料額

納入告知書の保険料額は，被保険者個々の保険料額を合算した金額になります。ただし，合算した金額に円未満の端数がある場合は，その端数を切り捨てた額となります。

○賞与にかかる保険料額

賞与に係る保険料額は，賞与額から1,000円未満の端数を切り捨てた額（標準賞与額)に，保険料率を乗じた額となります。

また，標準賞与額の上限は，健康保険は年間573万円（毎年４月１日から翌年３月31日までの累計額。）となり，厚生年金保険と子ども・子育て拠出金の場合は月間150万円となります。

○子ども・子育て拠出金

事業主の方は，児童手当の支給に要する費用等の一部として，子ども・子育て拠出金を負担いただくことになります。（被保険者の負担はありません。）

この子ども・子育て拠出金の額は，被保険者個々の厚生年金保険の標準報酬月額および標準賞与額に，拠出金率（0.36%）を乗じて得た額の総額となります。

(3) 社会保険と労働保険の微妙な差異

２種に分かれている社会保険で，さらにわかりにくいのは，社会保険と労働保険で納付頻度も計算方法も違うという点です。

❶ 労働保険の給与は発生ベース

労働保険での計算は４月１日～３月31日に発生した給与に基づき計算することとされています。

❷ 社会保険の給与は支払ベース

一方でややこしいのは，社会保険は４月，５月，６月に実際支払った給与総額で算出するという点です。労働保険は発生ベース，社会保険は支払ベースになっています。計算対象とする月も異なる上，発生か支払かも異なるというわけです。

上記は外国人には説明しなければわからない，かつ，「なんでそうなっているのか？」という説明も一苦労である論点であるのはご理解いただけるかと思います。(逆に「なんでそうなっているの？」と聞く担当者の方が健全な気すらします）ゆえに，税務ではありませんが，インバウンドで外資企業とよい関係でやっていくためには，やはり避けられない論点です。

5 社会保険労務士との連携の必要性

上記のような日本の顧客には通常必要がないような細かい説明が必要になりますので，こういった対応が可能な社会保険労務士と連携をしておくのが非常に重要です。こういった説明に対応できる社会保険労務士と連携し，社会保険関係業務は提携の社労士に依頼してもらうよう顧客に働きかけていくのがよいのではないでしょうか。なお，都合よく外国語で丁寧な説明ができる社労士がいるとは限りませんので，日本語のみの対応の社労士にお願いをし，言語面は自社でフォローして対応するというのも一つの方法です。

3 事　　　例

さて，それでは事例を見てみます。本国では上場企業である企業が，初めての海外拠点として日本子会社を設立し，その税務顧問を零細税理士が受けた場合の事例です。

1 大手企業の初めての日本進出

本国では勢いのあるIT系企業で，初の海外拠点として日本進出を果たすこととなり，税理士が税務顧問全般の依頼を受けました。しかし，昨今の新型コロナウイルス感染症拡大の影響で本国との人の往来は容易ではなく，最小限の日本子会社のスタッフを，本国のバックアップスタッフがリモートで日本の顧問税理士の力を借りながら，サポートして運営している状況です。

【基本状況】

① 概要
本国では上場している大手企業の日本子会社の税務顧問全般

② 日本子会社従業員
２名

③ 関連する本国親会社スタッフ
法務部門，財務部門，人事部門の責任者及びスタッフ

④ 初年度売上
ほぼなし

2 何の問題もなさそうだが

上記事例データを見て，どのように思われたでしょうか。当然，税理士の仕事としてはどうということはない，至極シンプルな法人ですし，「いった

い何の問題があるのか？」と思われる方もいるかと思います。実際，税理士の実務としてはそのとおりなのですが，一方で大変な点があり，それは親会社スタッフに「簡単なこと，当然やるべきことについてやる意味，根拠を逐一説明しなければならない」という点です。

3 親会社各担当者による質問攻め

初の海外拠点ということで，気合が入っているのか必要以上に恐れているのか，本国の親会社とネットミーティングをすると，「そんなに参加者いらんでしょう」というくらいに人が出てきて，パソコンの向こう側ではワイワイガヤガヤやっているようです（ただ，これは，海外進出する際の日本企業バックアップ部門も似たようなことをやっているところはあります)。当然ながら，「なにその質問？　それを聞くのか？」というような質問も少なくありません。しかし，自身の海外駐在時代を思い返してみれば似たようなことを聞いて現地スタッフの手を煩わせていたなあと思うこともあります。そこで，一つひとつ丁寧にボールを打ち返していくようにすると，各担当者が代わるがわる電話会議で質問をする，乱取りか百人組手のような時間が始まりました。

(1) 財務担当者

まずは，本道の財務担当者の質問に答えていきます。答えにくいなあと思う質問や，ピントがずれているなあという質問も正直ありますが，問われたことには答えていきます。財務担当者はやはり慎重な方が多いようで，当初はかなり不安を覚えていた様子であったものの，回答後は安心した様子でした。また，こちらとしても先方の質問だけでなく，ある程度，重要部分の把握はしてほしいため，補足で概要説明資料等を別途メールで送付しました。外国語でのコミュニケーションはどうしても母国語同士より質は落ちるため，文書での補足などが有用です。ここまでで既に1時間弱要しました。

(2) 人事担当者

(1)でぐったりしているところに，次は人事担当者からの質問です。人事担当者の質問は人事関連に限定されており，範囲が狭いため，かなり細かいところまで聞いてきます。社会保険料の料率表を使って，個人負担，会社負担別に説明し，「児童手当拠出金は全額会社負担です」といった日本の顧客にもあまり説明しないようなところまで説明しました。範囲が狭いため，かなり理解はしてもらったようで，人事担当者は満足した様子で電話会議は終わりました。ここまでで，合計２時間，日本人税理士が外国語でフリーの質問に対応して，心身ともにヘトヘトとなりました。なお，社会保険の説明に関しては，公的なホームページをそのまま使用して説明したのが，先方へも信頼感を与えたようです。

4　事業計画と税務上の注意点

(1)　事業概要・事業計画の聴取

外資企業の事業概要，事業計画を聴取することは重要です。彼らが描いていることに対する税務のインパクトが，彼らが考えているものと異なる場合があるため，事業の概要は早めに聴取するのが望ましいでしょう。また，できれば大まかでよいので，数字を入れた計画ももらうとよりリアリティのあるアドバイスがしやすくなります。

(2)　メインの商流の把握と問題点の提示（PE等）

特にメインの商流を把握するのが重要です。コミッショネアスキームなどはPEのリスクがあるため，そういった点も押さえて，リスクがある場合，事前に提示する必要があります。外資企業もたいしたもので，しっかりしている企業なら，リスクを研究の上，スキームを変更してくる場合もあります。

(3)　大枠の数値を入れた計画によるイメージ

ある程度数値を入れた計画をもらっていると，会計事務所としても税務上のインパクトのイメージがわきやすくなります。特に，消費税や中小法人非該当の場合の留保金課税などは，数字をもらってこそより具体的なアドバイス，注意喚起がしやすくなります。

COLUMN 8　あっと驚く過少資本税制・過大支払利子税制

経済的実質は出資に近いのに，株主からの借入れの形態をとることによって税負担を不当に減少させる行為を防止するための制度ですが，実務であまり出てこないため，突然出てくると焦るケースが結構あります。筆者も，記帳，決算書作成は自社で行っているある程度の規模の外資系企業が，「税務申告だけお願いします」と決算書を持ってきた際などに，「親会社に利息を支払っていますが，過少資本税制の対象になりますよ。本国でも同じような税法があると思いますから本社財務部にも御確認ください」とお伝えすると，「ギャフン！」とびっくりされることがたまにあります。

1．過少資本税制とは？

過少資本税制とは，国外支配株主等の平均負債残高が資本持分の３倍を超えるときはその超える部分に相当する利子の額は税務上損金の額に算入しないというものです。簡単にいうと「資本金の３倍超を国外支配株主から借りている場合，超過分に対応する利息は税務上経費にできませんよ」というものです。

2．過大支払利子税制（平成24年税制改正　平成25年４月１日以後適用）とは？

さらに，私が法人税法を勉強していた当時はなかった制度が追加されています。平成24年の税制改正で，関連者等に対する純支払利子等の額が調整所得金額の50%相当額を超える場合は，超える部分に対応する金額は損金算入できないというものです。ゆえに，本制度導入後は１の過少資本税制による借入金額による縛りと，２の過大支払利子税制による所得の縛りの二重の縛りができてしまうこととなりました。なお，１，２の両方に該当する場合は，いずれか大きい金額が損金不算入金額となります。

3．中国の日系現地法人で過少資本税制の適用があまりない理由

ところで，話は変わって中国の話です。過少資本税制は国際的な課税概念ですので，中国の税法にもあります。しかしながら日系現地法人の実務

でお目にかかるケースはあまりないのではないでしょうか？
これはなぜかと考えてみますと，中国には外債借入の限度額があり，自己資本に応じた借入限度額が定められているため，過少資本税制の条件に該当するほどの借入れをしているケースが多くないからではと思われます。

4　我慢我慢の初期対応と装備の充実

1　親会社スタッフによる「乱取り」を乗りきる

上記のとおり，シンプルな税務実務の割には非常にタフな親会社対応ですが，上場企業級の外資企業対応をする場合，ここはやはり乗り越えなければならないハードルといえるでしょう。膨大な時間とエネルギーがかかりますが，「我慢我慢の初期対応」くらいの気持ちで臨むとよいのではないでしょうか。

また，上記事例のような各担当者との乱取り電話質問会議のテクニック的なポイントをまとめると以下のとおりです。

【親会社各担当者との電話会議のポイント】

① 妙な質問も必ず出てくるが，質問にまずは答える
② なるべく文書で補足説明する
③ 料率などのデータは，なるべく公的なホームページをそのまま案内する
④ 外国語での会話の場合，事前に，「ゆっくりしゃべってくれ」とお願いをしておく

2　充実した説明資料で対応するために

毎回丸腰で乱取りに勝負を挑むと消耗が著しいため，説明資料等は日々作成，改良をしていき，充実した装備で対応できるようにしていきたいところです。本国の各部門の担当者の質問対応は大変ですが，本国で大企業の専門部署にいるだけあって，やはり優秀だな，仕事ができるなと感じる人も多いです。彼らをうならせるような対応をしていきたいものです。

第6章 事業開始前の体制準備②
―社印・資金管理―

本章では，外資企業の社印・資金管理関係のガバナンスについて述べます。「なんでそんなことが税理士に関係あるの？」と思われるかもしれませんが，なかなかどうして，外資企業側のガバナンス体制は，顧問税理士にとっては業務遂行にあたり，非常に重要なポイントです。外資企業は，日本子会社のガバナンスに関し，わりとノーアイデア，または，「そんなやり方で上手くいくわけがないでしょ！」というような非現実的な体制を考えている場合があります。その状態で，実務に移られると顧問税理士側も非常に苦労と迷惑（?）を被り，あるいはトラブルが起こりかねないため，なんとか穏便に軌道修正をしてもらわなければなりません。

図表6-1　外資企業のガバナンスと税理士

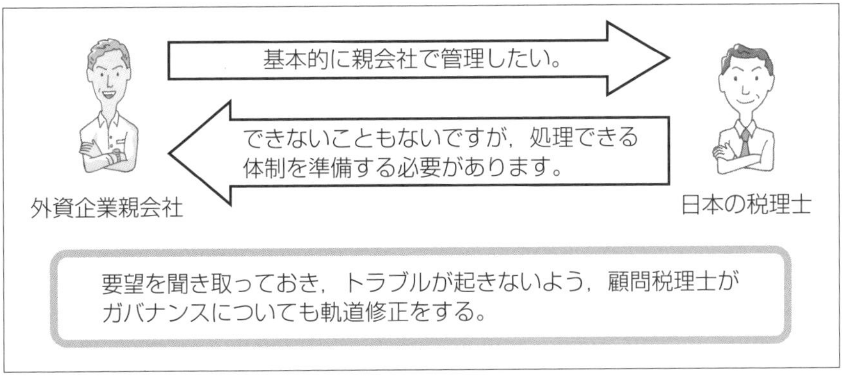

ただ，ガバナンスを整備する段階というのは，往々にして設立直後，顧問税理士も契約直後であるため，お互いまだ相手のことをわかっておらず，信頼関係も構築途上です。また，トラブルが発生しているわけではないので，

税理士がアドバイスや苦言を呈しても，「本当にそんなことやらなきゃいけないの？　面倒くさいねえ」とあまり真に受けてもらえません。そして，ガバナンス支援は本業の税理士業務でもないので，ついつい流してしまいそうになります。しかし，放置するとどんどん面倒なことになるため，その状況下でも早期にまずは最低限安全に財務，総務周りのオペレーションがうまくいくように誘導したいというのが顧問税理士の立場ではないでしょうか。

1　外資企業のガバナンスの特徴

1　親会社でコントロールしたい

外資企業の希望としてよくあるのは，「日本子会社は事業拠点であるが，財務管理等の決済権限，総務機能は親会社に置き，親会社側でコントロールしたい」というものです。日本子会社の顧問税理士からすると，重要な意思決定事項は外国語を使う親会社に確認せねばならず，かつ，一番コンタクトのとりやすい日本現地社員には，ほとんど権限がないというあまりありがたくない体制ですが，顧客のグループ全体の体制を考えるとやむを得ず，合理性がある選択とも考えることができます。実は，日本企業も海外に拠点を出すと，まず，やりたがるのはこういった体制です。

2　本国派遣の日本子会社駐在員はいない場合も多い

顧問税理士としては，長年本社に勤めた社員が駐在員として日本に来ていれば，ある程度親会社も信頼して権限を与えているのではないかと期待もするでしょう。

日系企業の場合，筆者が海外駐在していた時代は，設立時は本社生え抜きの海外駐在員が初代駐在員として赴任しているケースが多かったです。当該駐在員の方は，経理が専門ではありませんが，現地管理者として権限を与えられているため，駐在員の財務面をフォローするのが筆者の主要な仕事でし

図表6-2　外資企業が希望する親会社主導の体制例

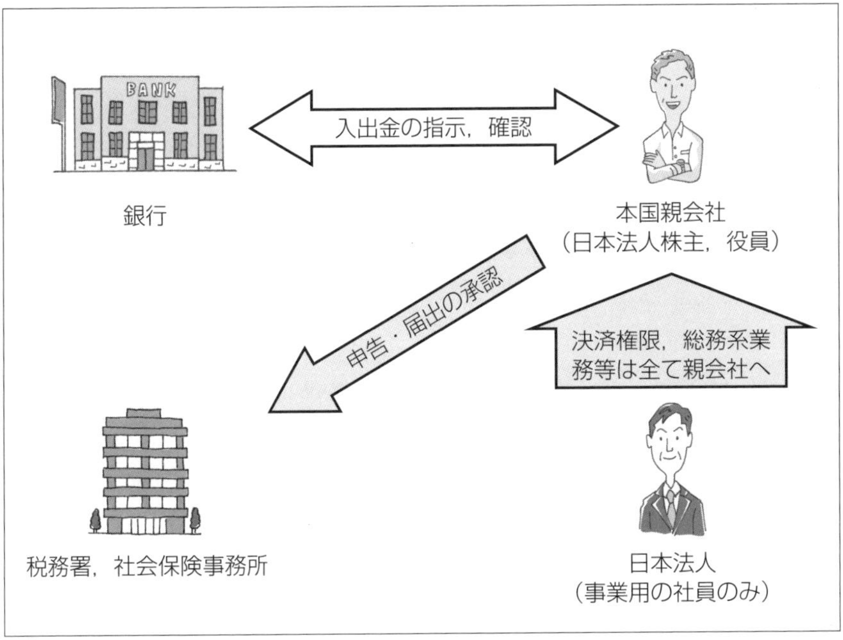

た。緊急事態が発生した場合はこの日本人現地管理者に連絡を取り，解決していくということをよくやっていました。

ところが，日本に来る外資企業は，本社とは関係を持たない日本法人社員を新規採用して，本社生え抜きの駐在員は置かず，「彼らはあくまで現地社員なので，大事なことは親会社で管理します」というスタンスをとります。かなり割り切った感じもしますが，仕方がありません。なお，決して日本法人の社員を無下に扱っているというわけではなく，人事担当者などから「手続等をきっちりフォローしてやってくれ」などとお願いをされます。このあたりは役割分担を徹底した発想の違いなのだろうなと，個人的には考えています。

図表6-3 外資企業日本法人社員の実態例

項目	内容
株	所有していない。
役員	役員ではない。
社印	押す権限がない。 社印がそもそも日本にない。
銀行	関与していない。
雇用保険	役員ではないので加入する。

3 運用が違うもの（銀行口座・社印）

上記が基本的な考え方なので，通常の法人顧客とは運用がかなり違ってくるものがあります。大きく違うのが，①銀行口座と②社印の管理です。日本法人の社員にはほぼ関与させず，社印は外国親会社が本社に持ち帰った上で，これらをやってしまうのです。「そんなことができるのかな？」と感じる方もいるかと思います。ただ，筆者も実際，税務顧問としてオペレーションを手伝ってみてわかったのですが，実はなんとかなってしまう面があります。それではどのようになんとかなってしまうのか，見てみましょう。

2 個別ポイント

1 銀行口座

(1) 口座開設は外資企業にとってハードル

まず，銀行口座です。これを，国外の親会社が管理したいということで，ネットバンキングサービスを利用することになります。

実は設立直後の外資企業にとって大変なのは，銀行口座の開設です。昨今，マネーロンダリング防止の観点からか，銀行の新規口座開設はかなり審査が厳しく，そもそも口座を開設するのに一苦労し，ネットバンキングの利用はさらに手続に時間を要します。メガバンクは審査が厳しいからといって，ネット専業銀行に開設するケースもあります。実際，ネット銀行の方が実店舗を持つ銀行に比べ，審査，手続が簡便な面もありますが，一方で，社会保険の自動引き落とし手続に対応できず，結局，通常の銀行に再度口座開設をしたという事例もありました。

COLUMN 9　実は最大の関門？　外資系企業による口座開設と対処法

１．銀行口座開設は法人設立よりはるかに難しい

マネーロンダリング防止の観点から，新規の銀行口座の開設はかなり審査が厳しくなっています。

外資企業，外国人に限らず通常の日本法人の新規口座開設でも審査はかなり厳格です。外資企業の場合，なおさらであり，口座の開設に苦労されているケースも少なくありません。

２．ネット銀行

メガバンク等に比べると新興のネット銀行等は，比較的開設がしやすいようです。しかし，実際実務をやってみてわかりましたが，意外な盲点があります。それは，社会保険の自動引落が不可である場合等があるということです。毎月の社会保険が自動引落にできないと，毎月納付書で納付する必要があり，やきもきしますので，ネット銀行が開けたからそれで問題なしという訳にはいかないようです。

３．外資系銀行日本支店

①　外国扱い

銀行口座が開けないため外国銀行の日本支店などを使用する場合もあります。ただし，これは物理的には日本でも外国扱いなので，税務署からの還付金を振り込んでもらえない場合があります。

②　利息の免税証明

利息も「外国へ支払っている」という扱いになるため，本来は源泉徴収が必要になります。なお，「外国法人又は非居住者に対する源泉

徴収の免除証明書」[1]があれば，源泉徴収が不要になることになります。外国銀行の日本支店などは当該免除を受けている場合が多いようです。

⑵　銀行口座運用（本国から管理可能か？）

無事，口座が開設できたとして，次は実際の入出金の運用です。これが，上記のように日本子会社社員と，親会社で完全に役割分担した運用をしている場合，「日本子会社の社員に銀行口座を使用させるつもりはない。親会社で全て管理する」と，日本子会社の社員にはビター文触らせたくないと言わんばかりの姿勢がわりと一般的です。とすると，どうやって運用するのかという話になりますが，基本的にはネットバンキングで運用し，現金での支払が必要なものは，日本子会社社員の個人口座に振り込んで，その社員が支払う，あるいは社員が立替えておいて一括精算するという形になります（図4）。

図表6-4　親会社で銀行の入出金を管理する場合

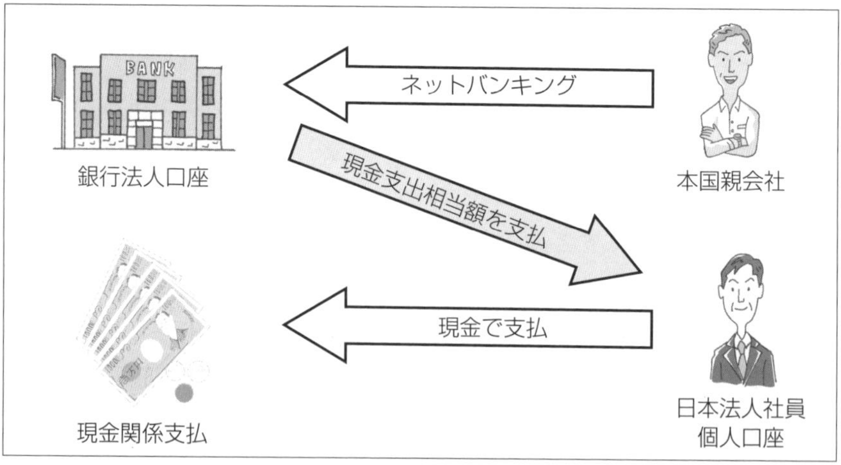

1　「外国法人又は非居住者に対する源泉徴収の免除証明書の交付（追加）申請」国税庁（https://www.nta.go.jp/taxes/tetsuzuki/shinsei/annai/gensen/annai/1648_26.htm）

COLUMN 10　電子納付とペイジー

１．外資企業は本国での入出金管理を好む

外資企業は，立ち上げ時点では，日本子会社にはスタッフを置いていない場合が多く，総務スタッフがいないこと，また，資金管理の安全性の観点から外国親会社から資金の入出金を全て管理したがる場合が多いといえます。

２．ペイジーの納付書

電子納付の中で扱いやすいのは，ペイジー対応の納付書です。これであれば，親会社からの操作で難なく納税ができます。

操作的には電子申告システムを使うことなく，ネットで

①　納付番号

②　確認番号

③　利用者識別番号

を入力しますので，簡単です。入力情報があっていれば，自動的に納税者や納税金額の情報が出てきますので，間違いもありません。一度説明してしまえば，後は書類を送るだけで納付できますので，筆者の事務所ではこの方法を推奨しています。

なお，少し意外なのは社会保険の納付書にもこのペイジー用の番号が付されており，自動引き落としができない場合はこちらでネット納付をすることもできます。

2　社印管理

(1)　外国に社印がある状態

社印については「日本に置いておくのが当然でしょ！」と思われでしょうし，そのとおりなのですが，「そんな大事なものは，管理者のいない日本には置いておけない」と断固として親会社で社印押印を行おうとする会社もや

はりあります。代表取締役や役員が全て本国居住の親会社所属であったりするので，理屈から言ってもわからなくはありません。そういった状態で実務は可能なのでしょうか。

⑵ 電子申告とPDFでの押印で対応可能

結論からいうと，かなりの部分は可能です。現在は，各士業による電子申告がかなり普及しており，顧問士業への委任関係さえあれば，物理的な社印押印は必要としません。また，それほど厳格でない手続の場合は，PDFによる押印でも問題ないという場合もあります。ただし，法務局への登記変更は必ず実印が必要となり，この場合は，書類を国際郵便で郵送して，本国で押印してもらい，送り返してもらうという手配が必要になります。

図表6-5 主な手続と社印押印の必要性

手続名	社印押印の必要性
税務関係	特殊な手続以外は，税理士による電子申告で対応可能
社会保険関係	特殊な手続以外は，社会保険労務士による電子申告で対応可能
登記関係	実印押印が必要

3 キーマンの日本子会社社員

上記体制で，重要になってくるのは，日本子会社の社員です。銀行の入出金，社印管理は親会社で行っているとはいえ，それでカバーしきれないものは，日本子会社社員に現金で支払ってもらったり，親会社への郵送の手配等をやってもらう必要があります。顧問税理士にとっては自己の事務所以外で，現地の事情を，権限を持つ本国親会社に正確に伝えることができる貴重なチャンネルなので，是非，良好な関係を築いていきたいものです。彼らも本国親会社と日本の実務との板挟みで苦労をしているため，別のチャンネルで本国と直接連絡ができる我々顧問税理士は貴重な存在であり，同じ思いをしているので同志のような関係が築ける場合も多くあります。

4　理想的な外資親会社（日本子会社社員・顧問税理士の関係）

3からすると，顧問税理士にとって理想的な関係は，親会社からも頼りにされ，日本子会社社員からも頼りにされ，双方，相手が言っていることに疑問を感じる場合には顧問税理士に相談がくるというものです。このレベルまで信頼関係が築けると，業務的にはやりやすく，顧問税理士冥利に尽きるともいえます。一方で，「これは顧問税理士の業務ではないだろ！」というレベルの問題にまで巻き込まれることが往々にしてあるので，時には，「どこからどこまでが税理士の業務です」と明確にすることも重要です。

3　事　　例

それでは事例を見ていきます。

1　事例Ａ　日本子会社責任者を最終的に代表取締役とした場合

まずは，日本子会社責任者である日本人社員を最終的に日本子会社の代表取締役としたケースです。

【基本状況】

①　日本法人概要
日本国外在住の外国人オーナー出資で日本にIT系事業会社を設立。
②　日本法人事業責任者
オーナーの学生時代からの日本人友人Ａ氏。オーナーとは，長年の付き合いであり，日本事業はＡ氏に全て任せる。
③　株主と代表者
資金は全額外国人オーナーが出資したため，株主，代表取締役ともに，外国人オーナー。

上記のような状況で日本法人が設立され，事業を開始しました。外国人オーナーとA氏は，学生時代から肝胆相照らす仲の友人で，お互い学生時代からの夢だった日本法人の経営を協力してやることになり，非常に張り切って事業を開始しました。ところが，様々な実務をやる中で，銀行手続や契約，商談等，代表取締役が海外にいることのデメリットを感じるようになりました。

オーナーとA氏は相談の後，A氏を代表取締役とし，名実ともに日本事業の責任者となりました。これにより，代表取締役が日本にいないことによるデメリットは解消され，A氏は腹をくくって益々事業に邁進しました。一方で，役員になることにより，雇用保険の脱退等の制限や，代表取締役としての責任を負うことになりましたが，その部分はオーナーと話をし，報酬等の待遇を変更してカバーしてもらうことで解決しました。

2 事例B　日本子会社社員は営業に専念し本国から入出金・社印管理を行った場合

【基本状況】

① 日本法人概要

本国では大手のIT企業が日本に営業拠点として法人を設立。

② 日本法人事業責任者

日本法人設立のために，同業界の日本人を新規に採用した。

③ 株主と代表者

株主，代表取締役ともに，本国親会社である。

事例Bは，日本法人事業責任者は事例Aのような縁故採用（?）ではなく，外部採用の日本人です。そのため，親会社の指示に従い，粛々と業務を行っていましたが，事例Aのように代表取締役に就任という話には全くなりませんでした。

⑴　銀行入出金体制の整備

そうなると，課題はガバナンスですが，銀行関係は完全に親会社が管理することとしました。入出金はネットバンキングで親会社が管理し，現金での支払が必要なものは，少額なものは日本法人社員が各自立替え，月に一度精算する体制としました。また，社会保険料等は自動引き落としの手続をとり，手続完了までは日本法人社員の口座へ相当額を振込み，銀行で現金納付する形としました。

⑵　社　　　印

社印についても，親会社管理としました。税務申告，社会保険は顧問士業による電子申告とし，他の書類でPDFでも可能なものはPDFでの押印，どうしても実印が必要なもののみ国際郵便でやりとりをすることとしました。当初は本国親会社，日本法人社員ともに戸惑いもあった遠隔操作による管理ですが，顧問税理士のフォローのもと，徐々にその体制に慣れ，定型的なオペレーションは問題なくこなせるようになりました。

4　最適なガバナンスは会社によりそれぞれ

外資企業のガバナンスにおける要求は様々であり，答えは一つではないようです。最初はお互い呼吸も合わず，相手の意図を見極めながら手探りで進めていくので，なかなか難しい面もあります。上記の事例Ａでは日本法人の社員を代表取締役とし，事例Ｂでは日本法人社員が完全に事業に専念し，決済権限や総務機能等は全て親会社が握る正反対の結果となりました。どういったガバナンスがいいかは法人により様々ですが，実務をする税理士の視点として，有効なアドバイスを行えば，感謝される場合も多いです。「税理士が嫌だと感じる体制」というのは，実務上どこかに無理があるという見方もできますので，トラブルが起きそうなときは，顧問税理士という立場であっても積極的に意見し，ガバナンスの構築に首を突っ込むことも一案ではないかと考えます。

第7章 税務基本情報の確認

1　ステータス確認（法人税）

本節では，外資法人の日本子会社の支配関係について述べます。「支配関係？　株主を確認するだけでしょ？」と思われるかもしれませんが，外資企業の場合，日本の法人の規模や事業実態からするとギャップのある，かなり意外な税務上の取扱いが発生する場合があります。具体的には，支配関係が複雑で株主の上の上までたどっていくと，結構な大型法人に支配されている場合があります。その場合，顧問税理士としては，税務上の取扱いで，かなり「ヒヤリハット」してしまう場合がありますので，そういった取扱いのう

図表7-1　外資法人の支配関係イメージ図

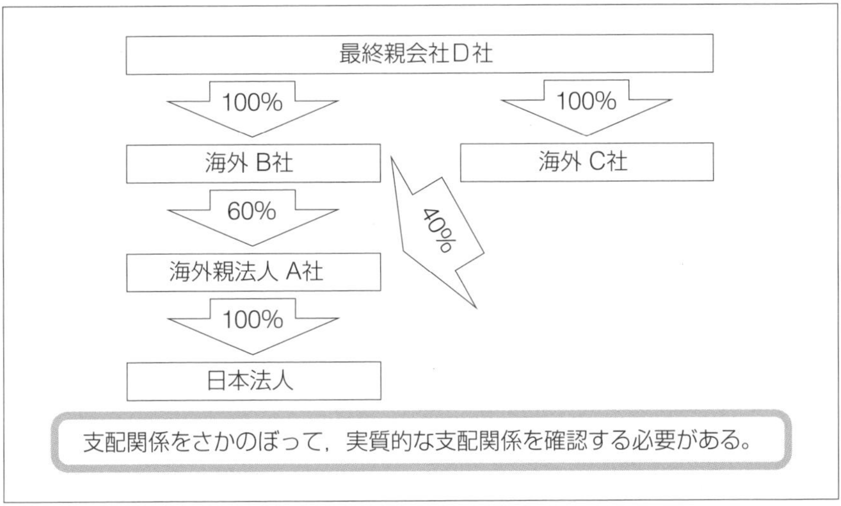

ち特徴的なものについて解説をしていきます。

1 支配関係の確認の必要性

(1) 中小法人の判定

❶ 判定時の注意点

法人の出資者について同族会社の確認などはもちろんですが，外資企業の場合，中小法人に該当しないことも考えられるため，支配関係の確認は必須です。外資企業の直接の親会社は，資本金5億円未満などで中小法人に該当するレベルであっても，その上の親会社などをみると，最終的に資本金5億円以上の大法人に支配されており，中小法人に該当しないという場合があります。

❷ 中小法人の定義

中小法人の定義は，個々の適用規定ごとに細かな相違はありますが，大まかに言うと「対象法人自体の資本金が1億円以下又は大法人（資本金の額が5億円以上の法人等）からの完全支配関係がない普通法人」というものです。ゆえに，出資が100％で所有されているならば，上へ上へとたどっていく必要があります。

これが外資企業の場合，生半可なことではない場合が多くあります。支配関係が何層にも重なっており，一つひとつ資本金を確認していかなければなりません。

❸ 出資者が外国法人の場合

親会社が外国法人である場合，資本金は外貨で表示されています。その場合規定上は，法人税基本通達16－5－2によって，資本金を事業年度終了の日の仲値により換算して，大法人かどうかの判定を行うことになります。支配株主が外国法人であっても，大規模法人に該当すれば，日本の対象企業は中小法人に該当しなくなってしまうため，外国法人の場合も確認が必要です。

【資本金等の額の円換算】

> 16－５－２　普通法人が法第66条第６項第２号《中小企業者等に対する軽減税率の不適用》に掲げる普通法人に該当するかどうかを判定する場合において，当該普通法人との間に完全支配関係がある法人が外国法人であるときは，当該外国法人が同号イに規定する「資本金の額又は出資金の額が５億円以上である法人」に該当するかどうかは，当該普通法人の当該事業年度終了の時における当該外国法人の資本金の額又は出資金の額について，当該事業年度終了の日の電信売買相場の仲値により換算した円換算額により判定する。（平22年課法２－１「四十二」により追加）

また，支配関係の確認時に外国法人が出てくる場合に苦労するのが，次の２点です。

①　資料が読みづらい

②　顧客も資料を積極的には出したがらない

親会社も「なぜ，そのようなものがいるのだ？　日本の税務に関係ないではないか？」という反応を示す場合があり，普段接する顧客側の担当者では判断できず，親会社の上層部に相談する必要があるような場合も多いです。経験上，しつこく言えば提出してくれますが，「なぜ必要か？」の根拠は明確に示す必要があるでしょう。

ちなみに，外国法人の資料は見慣れないため，読みにくいのは確かですが，普段接しない国であるため，異国の香りがしてなんとなく見ていて楽しい時もあります。

❹　中小法人に該当しない場合の影響

これだけ苦労して判定していくわけですが，判定の結果，中小法人に該当しなかった場合，税務上以下の項目に影響があります。

> ①　貸倒引当金の繰入れ

② 欠損金等の控除限度額
③ 軽減税率
④ 特定同族会社の特別税率（留保金課税）
⑤ 貸倒引当金の法定繰入率の選択
⑥ 交際費等の損金不算入制度における定額控除制度
⑦ 欠損金の繰戻しによる還付制度

「一定の大法人等の100％子法人等における中小企業向け特例措置の不適用について
国税庁ホームページ　タックスアンサー No.5800（https://www. nta.go.jp/taxes/shiraberu/taxanswer/hojin/5800. htm）

実務的にはどの企業でも必出となる項目が多く，顧問税理士が「ヒヤリハット」してしまうことがおわかりいただけるかと思います。当該確認を業務開始時に行わず期中で気付いて，慌てて顧客に説明して会計処理を修正するくらいで済めばいいですが，申告まで気付かなかったとすれば，考えるだけでも恐ろしいことになってしまいます。したがって，早期の確認が必須です。

図表7-2　中小法人非該当の把握時期別ヒヤリハットのイメージ

把握時期	税務処理	顧客の反応
契約開始直後，期中	期中の会計処理から適正に反映	細かいけど，この税理士やるね。
申告書作成時	申告ギリギリで会計処理修正，申告に反映	もう，ギリギリで…… 先に言ってよ。
税務調査で判明	中小法人として申告し，税務調査で否認	？？？ （顧問税理士としては，想像もしたくない事態です）

(2) 中小企業者の判定

❶ 中小企業者判定の注意点

次に，中小企業者の判定方法を見てみます。中小企業者についても，個々の適用規定ごとに細かな相違はあるものの，大まかに言うと「対象企業の資本金が１億円以下で，その発行済株式の２分の１以上を同一の大規模法人に所有されていない又は，３分の２以上を複数の大規模法人に所有されていない法人等」とされています。ゆえに，こちらも中小法人同様，延々と上へさかのぼる必要があります。

❷　中小企業者に該当しない場合の影響

中小企業者に該当しなかった場合に適用を受けることができない規定は以下のとおりです。

【研究開発税制に規定する中小企業者（措法42の４⑧七，措令27の４⑫)】

中小企業者の範囲が同じである制度

- 高度省エネルギー増進設備等を取得した場合の税額控除制度（措法42の５②)
- 地方活力向上地域等に特定建物等を取得した場合の特別償却又は税額控除制度における投資規模要件の中小企業特例（措令27の11の３）
- 中小企業者等が給与等の引上げを行った場合の税額控除制度（措法42の12の５②)
- 法人税の額から控除される特別控除額の特例（研究開発税制等の不適用措置の除外）（措法42の13⑥)
- 振興山村における産業振興機会等の割増償却制度（措法45②)
- 中小企業者等の少額減価償却資産の取得価額の損金算入の特例（措法67の５①)

【中小企業投資促進税制に規定する中小企業者（措法42の６①, 措令27の６①)】

中小企業者の範囲が同じである制度

- 商業・サービス業・農林水産業活性化税制（措法42の12の３①②)
- 中小企業経営強化税制（措法42の12の４①②)
- 被災代替資産等の特別償却制度における中小企業特例（措法43の３①②)

・特定事業継続力強化設備等の特別償却制度（措法44の２①）

「措置法上の中小法人及び中小企業者国税庁ホームページ，タックスアンサーNo.5432（https://www.nta.go.jp/taxes/shiraberu/taxanswer/ hojin/5432.htm）

要件に該当する企業のみが対象となる税額控除系の特例が多いですが，実務的に影響の大きいものでは，少額減価償却資産の取得価額の損金算入の特例があり，やはり中小法人同様確認は必須です。

⑶　資本金５億円以上の株主がいるか

中小法人，中小企業者ともに，支配関係の確認を家系図に例えるなら，親から祖父母，果てはご先祖様にまでさかのぼるということになります。その中で，資本金５億円以上の株主が出てきて，一定のシェアを上回っていたら「アウト！」ということになるわけです。

図表７-３　資本金５億円以上の企業が支配株主である場合のイメージ図

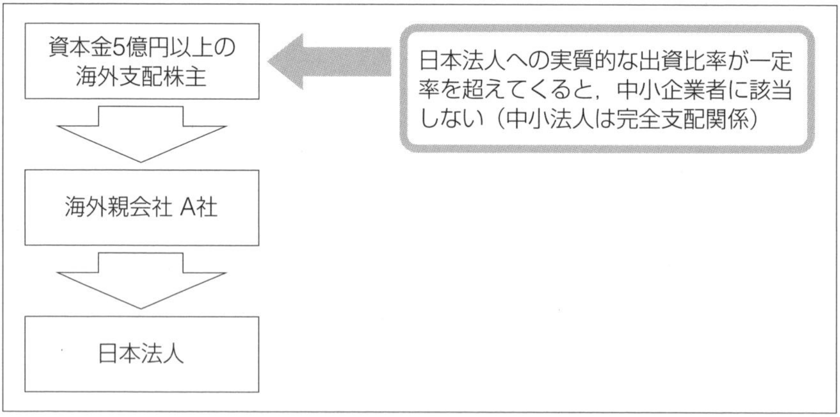

⑷　親会社のさらに上の支配関係を確認できない場合

なお，親会社のさらに上の支配関係が確認できない場合もあり，その場合は企業によっては保守的な処理として，資本金５億円以上の株主がいるかどうか定かではないが，中小法人，中小企業者に該当しないものとして処理してしまうケースもあるようです。確認が取れなかった場合の現実的な対処としてやむを得ないのでしょう。

2　移転価格文書への影響（グループ連結売上高1,000億円以上の場合）

支配株主が，中小法人，中小企業者以外の規定にも影響を及ぼす場合があります。それは，移転価格文書の提出義務です。日本法人には，ほとんど売上がない状態であっても，連結総収入が1,000億円以上の企業グループの構成会社である場合には，移転価格文書の提出義務があります。

なお，①1,000億円以上の判定のタイミング，②最終親会社届出事項報告書の提出のタイミング，③移転価格文書の提出のタイミングはそれぞれ異なります。以下のとおりです。

図表７-４　2021年12月期の移転価格文書の提出義務・最終親会社届出事項報告書・売上判定の関係

項目	移転価格提出義務の判定	最終親会社届出事項報告書の提出期限	移転価格文書の提出期限
時期	2020年12月期の連結総売上高により判定	2021年12月末	2022年12月末

この①判定の時期と，②最終親会社届出事項報告書の提出期限，③移転価格文書の提出期限は，それぞれ異なっており，外国親会社の財務部から，かなりしつこく聞かれますので（確かに対応関係は複雑です），押さえておくとよいと思います。

3　消費税との関連

消費税も関係します。開業２年間は資本金が1,000万円未満であれば通常は免税ですが，当該新規設立法人の株式等の50%超を有する者の基準期間における課税売上高が５億円を超えている場合は，課税事業者となります。こちらも該当する可能性は少ないものの，電気通信利用役務の提供を外国親会社が行っている場合等は，該当しますので，上記とともに確認をしておく必要があります。

4　株主関係確認のまとめ

上記を総合すると，外資企業の支配関係については，以下を確認しておく必要があることになります。

図表7-5　支配関係の確認内容

項目	確認内容
中小法人，中小企業者判定（法人税）	間接的な支配株主も含めて実質的な支配関係を確認
移転価格（法人税）	連結総収入を確認
消費税	支配株主の基準期間における課税売上高を確認

最初はなかなか面倒ですが，こういった支配関係確認用の網羅的な質問シートを作成しておくと，後々便利ですし，確認もれが出にくいといえます。

参考までに筆者は以下のようなインタビューシートを作成しています。

【インタビューシート例】

外資企業日本法人税務に関する確認
/有关外资企业日本法人税收状况的确认

1．中小法人該当の確認

日本の法人税法では，中小法人に該当する場合，様々な優遇がありますが，その判定には，出資者の資本金を確認する必要があります。

（参考：No.5432　措置法上の中小法人及び中小企業者｜国税庁（nta.go.jp））

貴社日本法人の出資者（親会社の出資者，そのさらに上も含む最終支配株主まで）一覧，出資比率と，出資者に法人がいる場合は法人の資本金を御教示ください。出資関係図などがあればそちらも送付ください。
/是否适用于中小法人的确认
日本的法人税法上，适用于中小法人时，可以享受各种优惠政策，但是需要从出资方的资本金来判断。
（参考：No.5432　措置法上の中小法人及び中小企業者｜国税庁（nta.go.jp））

请告知贵司日本法人的出资方（母公司的出资方，包括母公司上一级直至拥有最终控股权的股东）一览表，出资比例以及出资方是法人企业时，该法人企业的资本金。如果有股权构架图的话，也请发送。

２．消費税納税義務の確認

消費税の納税義務は基本的に対象となる日本法人そのものの売上や，資本金で判定します。しかし，出資者や支配者に日本の消費税課税売上がある場合，そちらも納税義務に影響してきます。
（参考：No.6501　納税義務の免除｜国税庁（nta.go.jp））

１と同様の出資者及び支配関係者に，日本の消費税の課税売上がある場合は，年度，金額をお知らせください。
/消费税纳税义务的确认
消费税纳税义务，一般是从日本法人自身的收入，资本金来判断。但是，如果出资方以及控股方有在日本的消费税课税收入时，这部分也会影响纳税义务的判断。
（参考：No.6501　納税義務の免除｜国税庁（nta.go.jp））

１中提到的出资方以及控股关联方，在日本有消费税课税收入时，请告知是哪个年度以及金额。

3．移転価格文書の提出義務の確認

世界各国で同様ですが，日本でも企業グループの売上高が一定額以上になれば，移転価格文書の提出の義務があります。

（参考：多国籍企業情報の報告｜国税庁（nta.go.jp））

貴社グループの連結総収入金額はいくらかご教示ください。

/转移定价文件提交义务的确认

日本也是同全球各国一样，集团企业的收入超出一定额度，就有义务提交转移定价文件。

多国籍企業情報の報告｜国税庁（nta.go.jp）

请告知贵司的集团合并总收入的金额是多少？

5 事　　例

それでは事例を見ていきます。

【基本状況】

① 資本金

資本金500万円

② 法人概要

大手外国企業の日本法人。開業期は小所帯で，日本子会社の社員は2名のみ。

③ 財務状況概況

資本金の出資以外は最低限のランニングコストのみ。売上はなし。

顧問税理士の目線からすると「まだ，開業期だから楽だなあ」というように見える上記の法人ですが，外資企業ということで，支配関係を確認していきました。

⑴　支配関係確認結果（中小法人に該当せず）

支配関係を確認していくと，株主は何重にもわたって構成されており，カリブ海の軽課税国からアジアに戻ったりと，さながら世界旅行のような印象でしたが，大もとをたどると本国の資本金数百億円という大法人に支配されていることが判明しました。

⑵　顧客への連絡と会計処理の注意

支配関係確認の結果，中小法人に該当しないこととなったため，税務上は大法人と同じ扱いになることを顧客に伝えました。会計事務所内でも要注意事項として伝達し，会社が購入した30万円未満のパソコンを費用処理しない点など，一般スタッフにも注意点を連絡して会計処理を行いました。

⑶　移転価格文書（まさかの提出義務あり）

移転価格文書の提出義務の確認のため，連結総収入金額を調べたところ，グループの連結総収入が1,000億円を超えていることが判明しました。移転価格文書の資料作成は，海外の最終親会社側の作業がメインであるため，親会社へ連絡をとり，資料作成をしてもらい，日本側で無事提出することができました。

6　特に支配関係の確認は重要！

日本の対象法人自体は小さな法人であっても，株主の支配関係によっては，税務上大きな影響が出てしまうため，上記のような確認は必須です。一見，日本法人側の業務量は少なくても，中小法人，中小企業者の判定や移転価格文書の提出など，「専門家以外には見えにくい業務量･難易度」があるといったところが外資系対応の難しい点であり，醍醐味であるかもしれません。

2　ステータス確認（地方税）

支配会社を判定するのも一苦労ですが，さらなる落とし穴があります。主に判定基準が国税と地方税で異なるという点と，法人税と消費税では判定の時点が異なるという点です。確認内容と時期の２つが異なるということに着目して見ていきます。

1　国税と地方税の相違

(1)　国税の中小法人の判定

これは前章でも述べたとおり，判定時には，日本法人単体だけでなく，支配関係を有する出資者を全て確認していく必要があります。

(2)　地方税の中小法人の判定

次は地方税の場合を見ていきます。以下，東京都の場合について解説します。

❶　都民事業税（法人事業税）

地方税では，中小法人が定義されているわけではありませんが，超過課税が実施されており，あわせて，資本金の額（又は出資金の額）と所得等の大きさによって異なる税率を適用する不均一課税が行われています。その資本金に関する金額区分が１億円となっているため，「法人の中小法人，中小企業者の判定と同じく，支配関係も考慮するのかな？」と誤解しそうになりますが，そうではなく，単体で判定することになります。

図表7-6　法人事業税

基準	下記に全て非該当の場合，標準税率を適用
資本金	1億円超か？
年所得	2,500万円超か？
年収入	2億円超か？

また，資本金の条件以外に，年所得額，年収入額による要件もあり，これらに非該当の場合，標準税率という最も低い税率が適用されることとなります。

❷ 法人都民税法人税割

法人都民税の法人税割についても超過課税が実施されており，あわせて資本金の額（又は出資金の額）が１億円以下で，かつ法人税額が年1,000万円以下の法人は，標準税率となる不均一課税が行われています。こちらも単体のみでの判定となります。

また，資本金以外に法人税額の要件もあり，これに非該当の場合，標準税率という最も低い税率が適用されることになります。

なお，上記資本金又は出資金の額が１億円以下であるかどうかの判定は，事業年度又は連結事業年度終了の日の現況によることとされています。また，外形標準課税の対象法人も事業年度終了の日における資本金の額又は出資金の額が１億円を超えているかどうかで判断します。

図表7-7　法人都民税法人税割

基準	下記に全て非該当の場合，標準税率を適用
資本金	1億円超か？
法人税額	1,000万円超か？

❸ 国税は大法人扱いで地方税は中小法人扱い

判定要素は上記のとおりであり，支配会社に資本金５億円超の法人がいる場合は,「国税では,大法人,地方税では標準税率適用の法人」というケースが結構あります。ゆえに，市販の書籍に記載されている大法人，中小法人別の法人税・地方税の合算税率と対象法人の実際の合算税率は，どちらとも異なるというケースがあるため注意が必要です。

なお，地方税については，資本金以外の要素でも変わってくるため，税務ソフトなどに先に入力しておく方が無難です。さらにややこしいのは，地方税でも，「都民税法人税割は超過税率だが，事業税は標準税率」という場合があり得るため，頭の中で「だいたい税率何％」などと目安を設け

図表7-8 国税が大法人で地方税が標準税率のケース

区分	取扱い
国税	単体では，資本金1億円以下だが，支配会社が資本金5億円超のため，中小法人非該当
地方税	単体の資本金が1億円以下のため，標準税率（中小法人の税率）

ておき，思い違いが出ないようにしたいところです。

以上が，まずは，資本金１億円の金額以外の判定基準の相違に関する話です。次は，同じ国税の中の，法人税，消費税の判定時期の相違について述べていきます。

2 法人税・消費税の判定時期の相違

(1) 法人税法の資本金

法人税の中小法人，中小企業者の判定の資本金額，支配関係は事業年度終了の日において判定します。これは，地方税と同様です。

(2) 消費税法の資本金

法人税に対し，消費税の判定は，「基準期間がない事業年度開始の日」，すなわち事業年度開始の日で判定することになります。これも，上記の法人税，法人地方税関係に夢中になっていると間違えそうになるため，注意が必要です。特に，外資系の初年度は期中で増資したり，株式譲渡をしたりというケースも少なくないため，気を付けたいところです。

(3) 支配株主の基準期間における課税売上高

消費税は法人税と判定時期は異なりますが，支配関係株主の情報は，基準期間における課税売上高が５億円を超えていないかの確認が必要であるため注意を要します。「外国法人だし，大丈夫だよ」と思われる方もいるかと思いますが，現在は電気通信利用役務の提供制度（リバースチャージ制度）もあり，外国法人でも日本の課税売上がある可能性もあるため，確認はしておくべきでしょう[1]。

(4)　固定資産税・償却資産税等

地方税がらみで気を付けたいポイントとして納付時期の違いがあります。固定資産税，償却資産税等は自治体ごとに納付時期が異なりますので，顧客提出用の年間税務スケジュール表の作成の際に留意が必要です。

3　横断での時間軸

上記を総合すると以下のような時間軸での確認が必要になります。

図表7-9　法人税と消費税の判定の時点

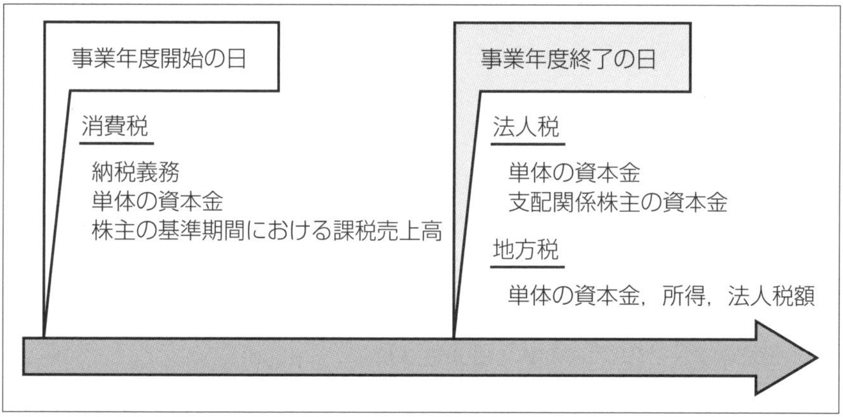

また，これとは別に移転価格の文書化義務がある場合は，最終親会社の決算月についての時間軸も加えて期限を確認していく必要があります。

1　「特定新規設立法人の納税義務免除の特例」国税庁（https://www.nta.go.jp/law/shitsugi/shohi/22/15.htm）

4　中小法人・中小企業者非該当の場合の重要項目

なお，前章では法人税法上，中小法人・中小企業者に該当しなかった場合に影響がある項目について，羅列的に紹介しました。ただ，その中には特殊な税額控除など，該当しなければあまり関係もない場合も多かったと思います。そこで，今回はその中でも多くの企業に影響がある項目，外資系の顧客に内容まで案内しておきたい項目について解説します。こういった項目は事前に，中小法人非該当の場合の主な影響として，顧客に伝えておきたいところです。

(1)　欠損金等の控除限度額

まず，欠損金の控除制限です。中小法人等以外の法人は，各事業年度の所得の金額の50%でしか控除できないこととなります。通常は，欠損金など全額控除できて当たり前と考えてしまうため，特に外資企業にはこの旨を説明しておきたいところです。

(2)　軽 減 税 率

法人税の軽減税率の適用がなくなることとなります。また,上記のとおり,地方税は別の動きとなるため，地方税の税率も合わせて確認してから顧客に案内をします。

(3)　特定同族会社の特別税率（留保金課税）

税理士にとっては「昔懐かしし」という感もある，留保金課税制度が対象となってしまいます。ただし，定額控除額の2,000万円基準があるため，そちらも含めて案内するのがよいかと思います。

(4)　交際費等の損金不算入制度における定額控除制度

交際費も定額控除限度額がなくなり，50%のみが損金算入できることとなります。ただ，筆者の経験上は外資企業は日本企業ほど交際費を使わない傾向があると感じています。

⑸　中小企業者等の少額減価償却資産の取得価額の損金算入の特例（措法67の５）

これもよく出てくる論点であるため，押さえておきたいところです。30万円未満でも10万円以上であれば，固定資産又は一括償却資産とする必要があります。ただ，こちらも交際費同様，外資企業自身はそれほど気にしていないため（そもそも30万円というルールを知らない），どちらかというと会計事務所所内の処理の注意点といえるかもしれません。

5　償却資産税

上記の30万円未満少額減価償却資産の一括損金算入の制度は，国税である法人税の制度であり，地方税では適用はありません。ゆえに，会社の帳簿上は経費として処理しているものも，償却資産税の申告の際は，申告する必要があり，会社の固定資産税台帳とずれてきますので注意が必要です。

⑴　納 税 義 務

免税点である150万円未満を超えた場合に課税されます。

⑵　計 算 根 拠

納税者が申告した償却資産の取得価額に応じて，地方自治体が算出した評価額を課税標準として，1.4%の税率を乗じて算出します。

⑶　納　　　税

これが固定資産税同様，自治体によりまちまちです。例えば東京都では東京都23区では６月，９月，12月，翌年の２月となっており，納付書の郵送が６月上旬となっています。納付もれにならないよう顧客に事前に案内しておきたいものです[2]。

2 「固定資産税（償却資産）」東京都主税局（https://www.tax.metro.tokyo.lg.jp/shisan/shokyak_sis.html）

⑷ 外資企業の反応

なお，上記を外資企業に案内した時の実体験ですが，本国が上場企業レベルですとどの企業も「概要はわかった。では，償却資産税はどのように計算するのだ？　計算方法を説明してくれ」という反応をします。日本企業相手なら，「固定資産税と同じ賦課課税方式の税金なので，役所が勝手に計算してきますので，納付書が来たら納税をしておいてください」で済む話なのですが，こういった反応が来ますので，なかなか手強いものです。こういった場合も，まず，日本の税金の種類には申告課税方式，賦課課税方式があるところから説明し，「基本的にはこういった計算方法でやっているはずだが，本当の計算詳細は役所に確認しないとわかりませんよ。確認しますか？」といったところまで案内すると大体は納得してくれます。ここでも，日本企業ではまず必要ないような対応が必要になりますが，逃げずにしぶとく説明するといった姿勢が重要になってきます。

6 事　　例

それでは事例を見ていきます。

【基本状況】

① 資本金
資本金500万円
② 法人概要
大手外国企業の日本法人。開業期は小所帯で，日本子会社の社員は数名。
③ 財務状況概況
資本金の出資以外は最低限のランニングコストのみ。売上は数百万円程度。

上記のような，いつもどおり「開業間もないミニ法人」であったが，外資企業ということで，期首，期末の支配関係を確認していきました。

⑴　期首支配関係確認

期首の支配関係を確認していくと，株主には消費税の課税売上高があるものはなく，単独の資本金のみで消費税の納税義務を判定することとなり，免税事業者であることは確認できました。一方，課税事業者選択届出書の提出の説明については，顧客に確認し，事業年度終了日が期限である旨を伝えました。

⑵　期末支配関係確認

株主に消費税の課税売上があるものはいなかったものの，資本金５億円超の法人が存在しました。その後，法人税法において中小法人・中小企業者に該当しないことが確認でき，該当しない場合の税率と主な差異を顧客に連絡しました。また，税率については，地方税は資本金以外の条件で変わってくることも連絡をしました。

⑶　顧客との関係と実務

上記伝達を行ったことにより，外資企業の本国財務担当者にも「事前の検討や確認の重要性」がある程度伝わったようです。従来は「会計事務所には記帳をやってもらうだけ」といった考えであったのが，距離感が変わり，様々な相談が寄せられるようになり，業務相談の中でコンサルティング的な内容も寄せられるようになりました。

7　設立初年度は取引量の割に労力が大きいが後の投資といえる

上記のとおり，外資企業の設立初年度はミニ法人であってもこれだけの確認要素が出てきます。したがって，会計事務所としては，信頼関係の構築途上でこれだけの確認を，場合によっては外国語でしなければならないため，かなり骨が折れます。一方，こういった専門的な確認をしつこくやっていると，外資企業も会計事務所の価値を理解してくる部分もあるため，「後々の投資」と思って地道にやっていくのも一つです。会計事務所の顧客全般において，１年経って業務が一回りすると業務が楽になるというものがありますが，外資企業はよりその傾向が強いといえます。筆者の顧客でも数年顧問をやっているところは，非常に安定しているところも多く，外資企業であっても肝胆相照らす仲という状況になっている顧客もいます（逆にいうと，数年を経てそのくらいの関係にならないと，外資企業の顧問をやっていくのは難しいということかもしれません。また，国内企業と異なり，他に会計事務所の選択肢が少ないという事情もあるのでしょう）。そう思って，最初の面倒な段階を地道にこなしていきたいものです。

図表7-10　設立初年度は後々への投資

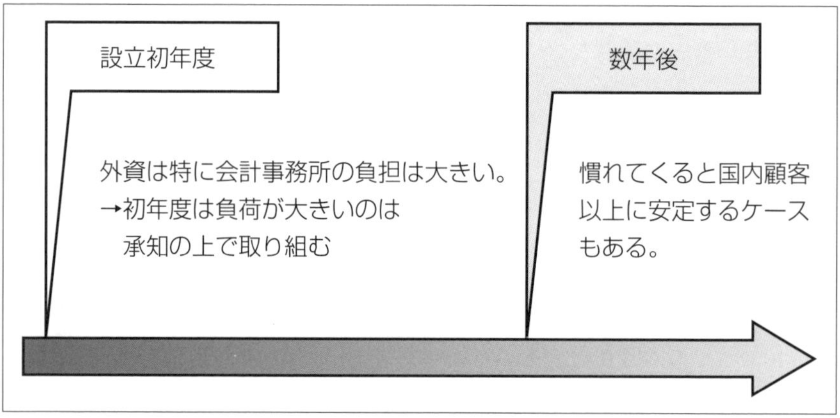

3　ステータス確認（消費税）

本節では外資企業の消費税について述べます。外資企業は海外取引があることもあり，やはり注意点は多いですが，大きく①期中の取引と②事業者の納税義務に大別されるため，論点別に考えていきます。

1　外資企業における消費税の主な注意点

外資企業，外国企業には国際取引があるため，当然ながら注意すべき論点が数多くあります。また，近年，電気通信利用役務の提供制度の導入により，外国企業への支払や，場合によっては，従来はほぼ考える必要がなかった日本に拠点を持たない外国企業の消費税の納税義務についても考える必要が生じています。

考えるべきポイントについては，大きく，①期中の国際取引関係と，②事業者自体の消費税の納税義務に大別されます。

②の事業者の納税義務は，特殊な場合等はかなりややこしいケースもあるため，まずは，①の期中取引について見ていきます。

図表７-11　外国企業で考えるべき消費税

項目	内容
①期中取引	国際取引，内外判定，リバースチャージ，輸出免税等
②事業者の納税義務	基準期間がない事業者，外国法人の課税売上高

2　期中取引

(1)　経費・仕入税額控除

❶　国外経費（国際関係経費）

国際電話，国際郵便などは，国内支払で円建てであっても，仕入税額控除ができません。また，逆に外国人や，はたまた海外への支払であっても，国内取引であるため消費税が課税対象で仕入税額控除ができる場合もあり得ます。ゆえに，そもそもこういう概念があり，それを区別するための情報を記載した記帳資料が必要という点について，顧客へ周知，指導する必要があるでしょう。

❷　サービス系で注意したい国際関係消費税

サービス系でも役務提供地により，消費税の内外判定が変わってきます。海外で提供されるサービスは国外取引となり，日本の消費税は不課税となります。また，逆に支払が海外宛であっても，国内で提供されるサービスは国内取引になるため注意が必要です。そもそもの内外判定の原則的な理解が重要といえるでしょう。

❸ 資産の購入（仕入）

資産の購入（仕入）で注意したいのは輸入関係です。輸入に関しては必要資料として輸入許可書等の書類の保存が必要とされています。「輸入消費税だから控除だ！」と処理されている方も少なくないようですが，書類の保存が要件であるため注意が必要です。

COLUMN 11　サンプル引き取りの消費税（控除できないが輸入消費税を支払う場合）

1．消費税の要件（海外へ販売→免税ではない）

消費税では，「本法からの輸出として行われる資産の譲渡又は貸付け」（消費税法７条）は，輸出免税となることとなっています。しかし，これには要件があり，単純に海外へ売り上げたから免税になるわけではありません。

「なお，輸出免税を受けるためには，資産の譲渡等が輸出取引となることについて，その輸出取引等の区分に応じて一定の証明が必要です。

例えば，物品の輸出のうち輸出の許可を受けるものの場合には輸出許可書が，サービスの提供などの場合にはその契約書などで一定の事項（資産の譲渡等を行った①事業者の氏名又は名称及びその契約に係る住所等，②年月日，③資産又は役務の内容，④対価の額，⑤相手方の氏名又は名称及びその取引に係る住所等）が記載されたものが，輸出取引等の証明として必要です。」[3]

ゆえに，輸出許可書がない場合等は，輸出免税の要件を満たさず，国内取引として課税される可能性があります。

2．輸入消費税を払っている（仕入税額控除できるとならないケース）

輸入消費税を払っているから，必ずしも仕入税額控除ができるというわけではありません。こちらも要件があります[4]。

---

3 「No.6551　輸出取引の免税」国税庁（https://www.nta.go.jp/taxes/shiraberu/taxanswer/shohi/6551.htm）

4 「No.6497　仕入税額控除のために保存する帳簿及び請求書等の記載事項」国税庁（https://www.nta.go.jp/taxes/shiraberu/taxanswer/shohi/6497.htm）

「課税貨物を保税地域から引き取る事業者が税関長から交付を受ける当該課税貨物の輸入の許可（関税法67条（輸出又は輸入の許可）に規定する輸入の許可をいいます）があったことを証する書類，その他税関長の承認を受けて輸入の許可前に保税地域から課税貨物を引き取った場合における当該承認があったことを証する書類など

① 納税地を所轄する税関長
② 課税貨物を保税地域から引き取ることができることとなった年月日（課税貨物につき特例申告書を提出した場合には，保税地域から引き取ることができることとなった年月日及び特例申告書を提出した日又は特例申告に関する決定の通知を受けた日）
③ 課税貨物の内容
④ 課税貨物に係る消費税の課税標準である金額並びに引取りに係る消費税額及び地方消費税額（これらの税額に係る附帯税の額に相当する額を除きます）
⑤ 書類の交付を受ける事業者の氏名又は名称

サンプルを引き取った場合などによくみられるお話ですので，注意が必要です。

❹ 電気通信利用役務の提供（リバースチャージ）

やっかいなのが電気通信利用役務の提供です。従来なら，この手のサービスは，「役務提供地が国外だから不課税！」と悩む必要がなかったのですが，当該制度の導入により，そういうわけにもいかなくなりました。

制度の趣旨は，国内から国外へ電気通信サービス等（主としてダウンロードサービス等）の役務提供対価を支払う場合に，役務提供を受ける側が国内にいると国内取引となるというものです。当該取引に係る消費税は，国内における課税取引として，本来は海外の事業者が消費税を払うのが筋ですが，徴収が難しいため国内の事業者がダミー的に課税売上に計上し，一定の要件に該当するもの以外は仕入税額控除が制限されることによって，

実質的に消費税を徴収するという従来のシステムとは異なる仕組みによる徴収ともいえます。

なお，一部の登録国外事業者については自ら消費税を納税しているため（むしろこちらがこれまでの原則的な考え方に近くなっています），支払側の事業者で仕入税額控除ができるという制度になっています。

(2) 売上（課税売上に対応する消費税額）

次に売上関係の消費税について項目別に見ていきます。

❶ 国外取引

完全に国外で売り上げたもの，国内における課税資産の譲渡等に該当しないものは，国外取引となります。課税売上割合にもカウントされません。

❷ 輸出免税（課税売上高にカウント）

イ 資産の譲渡

輸出取引で輸出免税の対象となるもの（これも書類の保存要件があります）は，輸出免税売上となり，いわゆる０%売上となります。なお，こちらは課税売上割合の計算上は，課税売上にカウントされ，基準期間における課税売上高にもカウントされます。「０%」→消費税がかからない→課税売上ではない，とはならないので注意が必要です。ゆえに，消費税を全く払ったことがないのに，課税事業者になるというケースも生じます。

ロ 役務の提供

意外に盲点なのが，役務の提供による輸出免税売上です。国内において行われる非居住者に対する役務提供であれば，輸出免税取引に該当することになります。この場合，開業直後の免税事業者であっても，売上が輸出免税売上だけの場合などは，あえて課税事業者選択届出書を提出し，課税事業者になれば還付を受けられる可能性があるというものですが，割と免税事業者のままにしてしまっている場合も多いようです（特に，外資系企業自体にその知識がないため免税のままにしてしまっているというケースが多いようです）。

❸　電気通信利用役務の提供（リバースチャージ等）

電気通信利用役務の提供は，売上側でも生じます。この場合は，国外事業者ということになるため，通常の外資企業というよりは，外国企業が対象となるため，このケースはそれほど多くありません。ただ，外資企業の顧問をしていると関係先で出てくる可能性があるため，その際は注意喚起をしておきたいものです。

❹　国内取引（免税でも消費税加算）

外資企業からの質問として面白いものに，「当社は免税事業者であるが，顧客へ消費税を加算して売上を請求してよいのか？」というものがあります。日本の実務家からすると不思議な質問に感じる部分もありますが，これはおそらく付加価値税についてインボイス制度を採用している国の発想でしょう。「付加価値税を納税していないのに，なぜ顧客に請求できるのだ？」というある種真面目な疑問なのですが，これに関しては日本の消費税の益税問題とともに説明してみるというのも一興です。

3　消費税の納税義務

次に消費税の納税義務について見ていきます。ご存知のとおり，消費税の納税義務判定はすっかり複雑になってしまいましたが，主要な注意点別に説明します。

(1)　基準期間がある場合

❶　基準期間における課税売上高が1,000万円超の場合

最もシンプルなケースですが，上記の場合は課税事業者となります。なお，当然ですが，国外売上はカウントされず，輸出免税売上は課税売上高となります。

❷　基準期間における課税売上高が1,000万円以下の場合（特定期間）

上記の場合，次に考えなければならないのは，特定期間における課税売上高です。簡略化していうと，前事業年度の最初の半年で課税売上高（又は給与）が1,000万円を超えているかという判断基準です。実務的に外資

企業が該当するケースはそれほど多くないようですが，見落としがちな論点です。

(2) 基準期間がない法人

次は要注意点が満載の基準期間がない法人の場合です。

❶ 資本金

期首の資本金が1,000万円以上であると，基準期間がない法人でも消費税の納税義務が発生します。なお，この場合，資本金の判定は，期首の資本金で判定することに注意が必要です。外資企業の場合，当初は少ない資本金で始めてみたが，第1期目の途中から増資をしたりするというケースが結構あります。イメージ図にすると以下のような場合です。

図表7-12 期中増資

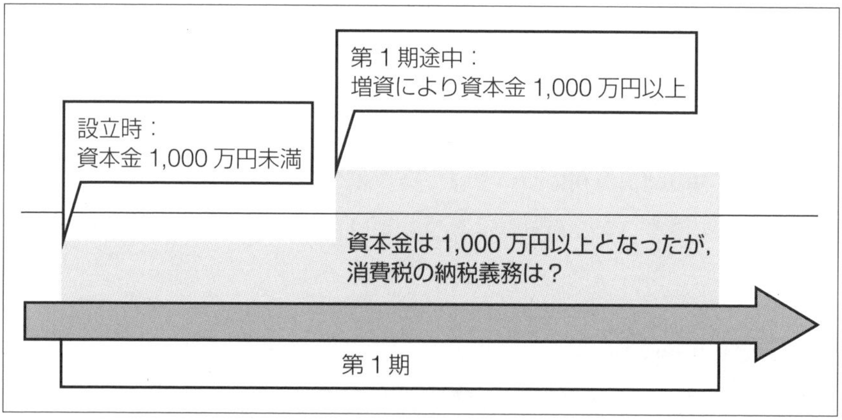

こうなるとなんとなく判断に迷いそうですが，「期首の資本金」で判断するため，第1期目の納税義務はないこととなります。ただし，第2期目は資本金が1,000万円以上となるため，第2期目から課税事業者となります。

❷ 課税売上高５億円超の法人に50%超を支配されている場合

他の者により出資の50%超を支配され，当該他の者の基準期間に相当する期間における課税売上高が５億円を超える場合，課税事業者となります。

図表7-13 課税売上高５億円超の法人に50%超を支配されている場合のイメージ図

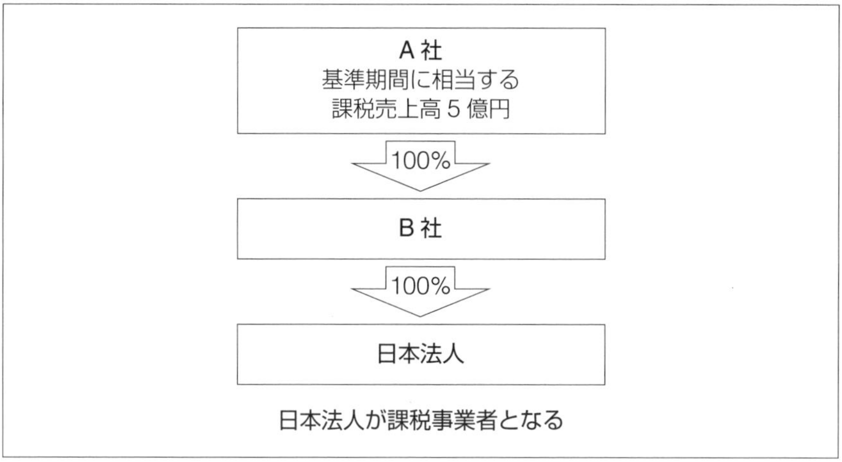

一昔前の消費税の納税義務の考え方からするとイメージしにくいところですが，前章で解説した中小法人の判定と同時に確認しておきましょう。

❸　特定期間

基準期間がない法人も特定期間による納税義務判定（前年６か月での判定）があります。実務的には，２期目からの判断となるでしょう。

4　消費税対策

上記の注意点を踏まえると実務上は以下のような対応が必要になってくるのではないでしょうか。

❶　期中取引（顧客への伝達と資料整理の依頼）

期中取引に関しては，「こういったものが必要である」という伝達が必要でしょう。また，社内スタッフにも売上，仕入とも国際関係の処理が要注意と伝える必要があります。なお，面倒なのは，国内の消費税も複数税率となっているため，その部分も税率が記載されたレシートを保存してもらうよう伝えなければならないという点です。

❷ 納税義務（ヒアリング）

納税義務に関しては，上記のとおり複雑であるため，非常に丁寧なヒアリングが必要です。

① 基準期間の有無

② 期首資本金の確認

③ 特定期間の確認

④ 支配関係者の課税売上高の確認

これらを確認していかなければなりません。

5 事　　例

それでは事例を見ていきます。

【基本状況】

① 資本金

資本金500万円

② 法人概要

中小外資系の日本法人（第１期目）

③ 損益概況

売上：海外親会社への役務提供など

経費：社員数名の人件費，家賃，事務コスト等

(1) 納税義務

まずは上記の基本状況で消費税について考えていくわけですが，何はともあれ納税義務を確認します。上記で解説した順序に沿って確認していきます。

❶ 基準期間の有無

開業期であるため基準期間はありません。

❷　期首資本金の確認

次に，期首資本金ですが，1,000万円未満です。増資して資本金が1,000万円以上となった場合は，来期は消費税納税義務者となる旨も顧客に説明しました。

❸　特定期間の確認

２期目の納税義務ですが，特定期間についても確認しました。当期から売上は計上されるものの，前６か月で1,000万円は超えませんでした。

❹　支配関係者の基準期間に相当する期間の課税売上高の確認

親会社及びその上の（課税売上高の確認）支配株主の基準期間に相当する期間の日本の課税売上高についても確認しました。顧客からは「なんでそんなことを聞くの？」という反応でしたが，制度を説明して確認してもらい，日本の課税売上高はないと確認できました。

上記の確認を経てようやく当期は免税事業者であることが確認できました。

⑵　期中取引（免税事業者から課税事業者の選択へ）

❶　当初は免税事業者

期中取引については，免税事業者であるため，当初はそれほど消費税に留意する必要はなく，比較的シンプルに記帳をしていきました。

❷　輸出免税売上の計上と課税事業者の選択

しかし，途中から売上の計上があり，内容を聞くと非居住者に対する国内における役務提供であり，輸出免税売上であることが判明しました。国内仕入れの消費税の還付が受けることができるため，顧客と相談し，当面輸出免税売上のみであるため，課税事業者を選択することとなりました。

❸　課税事業者になり消費税申告を前提とした資料整理の依頼

❷により，第１期から課税事業者となったため，消費税申告を前提とした各種資料の整理を依頼することとなりました。

上記対応により，無事第１期の消費税を申告することができました。

6 納税義務の網羅的なチェックと課税事業者となった場合の対応

上記のとおり，まず肝要なのは納税義務のチェックです。外資企業相手ですと，言語の壁もあり，これだけでもかなりの業務量になる場合もありますが，そういうものであると筆者は考えています。また，その結果，免税となった場合も外資企業は売上が輸出免税売上である可能性も大きいため，事業の状況に応じて課税事業者選択の提案と，それに伴う消費税の申告を前提とした資料整理の依頼が必要となってきます。

筆者自身も本章で改めて整理してみると消費税の実務上の注意点のボリュームを実感しています。会計ソフトの発達や，自動取込みなどでなんとなく記帳や帳簿，財務資料作成業務やそれに連なる所得税，法人税申告業務は年々ハードルが下がってきている感もありますが，それと対照的に大きな壁になるのは実は消費税かもしれません。

第8章 法人税特殊項目

既に述べたとおり，外国親会社は12月決算が多く，連結決算のために親会社と決算月を合わせておきたいために，日本法人も12月決算にするケースが多くなっています。これが外資企業に12月決算が多い理由です。

日本法人が12月決算となれば，それに合わせて決算，法人税・消費税の申告をしなければなりませんが，それ以外にも外国親会社等の決算期末である12月末に日本側で税務手続が必要となる場合があります。

1 移転価格文書

1 多国籍企業グループが作成する文書

外国親会社の決算月に合わせて日本側で必要となる税務手続とは何でしょうか。それは，移転価格文書の提出です。日本の租税特別措置法66条の４の４では，一定の要件に該当した場合に移転価格文書の作成・提出が義務付けられていますが，その提出期限は最終親会社の報告対象となる会計年度終了の日（すなわち，最終親会社が12月決算であれば12月末日）となっています。

「移転価格文書なんて，そんな大層なものは零細会計事務所には関係ないのでは？」と思われるかもしれませんが，「多国籍企業グループの連結売上高が1,000億円以上」という要件があるため，日本法人が小規模な場合や，極端な場合には，日本法人が開店休業状態の場合でも提出義務がある場合が往々にしてあり得るのです。

図表8-1 移転価格文書提出が必要となる多国籍グループ企業

2 国外関連取引を行った法人が作成する文書

上記多国籍企業グループの文書のほかに，国外関連取引の合計金額が50億円（無形資産取引の場合は３億円）以上の場合は，「独立企業間価格を算定するために必要と認められる書類（ローカルファイル）」を作成しなければならないこととされています。ただし，この文書の要件は，日本法人と関連会社の取引金額であり，日本法人もそれなりの規模となるため，作成義務を見落としてしまうことは少ないのではないかと思われます。「日本法人は零細法人なのに，文書提出義務がある」として注意が必要なのはやはり上記1の場合でしょう。

3 提出資料の種類と期限・要件

次に提出文書別の期限と要件を見ていきます。上記1の多国籍企業グループの提出資料は，最終親会社等届出事項，国別報告事項（カントリーリポート），事業概況報告事項（マスターファイル）であり，カントリーリポート，マスターファイル等は,BEPSプロジェクトで要求されている資料でもあります。また,上記**2**の国外関連取引を行った法人は独立企業間価格を算定するために必要と認められる書類（いわゆるローカルファイル）の提出が必要です。文書別に要件・提出期限が異なっており，一覧にすると以下のとおりとなります。

図表8-2　提出文書一覧

文書	作成要件，期限
最終親会社等届出事項	連結総収入1,000億円以上 平成28年4月1日以後開始する最終親会社事業年度終了の日まで （他文書より早い）E-TAXにて提出
国別報告事項 （カントリーリポート）	連結総収入1,000億円以上 平成28年4月1日以後開始する最終親会社事業年度終了の日の翌日から 1年以内。E-TAXにて英語で提出（条約国には情報提供）
事業概況報告事項 （マスターファイル）	連結総収入1,000億円以上 平成28年4月1日以後開始する最終親会社事業年度終了の日の翌日から 1年以内。E-TAXで日本語又は英語で提出
独立企業間価格を算定するために必要と認められる書類 （ローカルファイル）	関連会社製品50億円以上，サービス3億円以上平成29年4月1日以後開始する事業年度（他文書より遅い）言語は何でも可（日本語翻訳要求の場合あり）作成期限は確定申告書の提出期限提出期限は調査において提示又は提出を求めた日から一定の期日

なお，BEPSプロジェクトとは，OECDで作成されたもので，近年のグローバルなビジネスモデルの構造変化により生じた多国籍企業の活動実態と各国の税制や国際課税ルールとの間のずれを利用することで，多国籍企業がその課税所得を人為的に操作し，課税逃れを行っている問題（BEPS）に対処するため，平成24年より立ち上げられたものです。その一環として移転価格文

書の提出義務があることとなります[1]。

4　各文書の提出時期

移転価格文書の提出要件に該当する場合には，親会社の決算月までに移転価格文書を提出しなければならないこととなります。また，要件に該当する場合は，毎年提出しなければなりません。

ゆえに，移転価格提出義務のある外資企業（12月決算）が顧客にいる場合，日本法人の申告と合わせたスケジュールは以下のようになります。

図表8-3　スケジュールのイメージ図

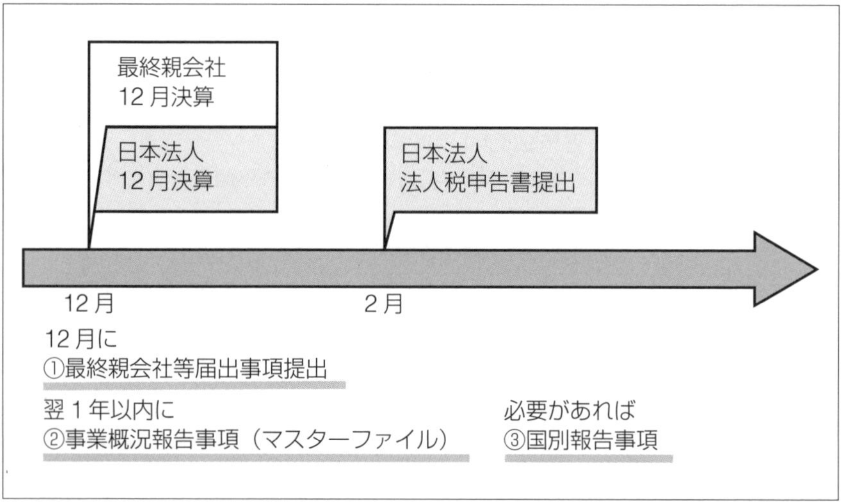

5　日本法人が複数ある場合

日本法人が複数社ある場合，原則全ての企業に提出義務がありますが，特

1　「BEPSプロジェクト」国税庁（https://www.nta.go.jp/taxes/shiraberu/kokusai/beps/index.htm）

例として，複数の日本法人の代表を１社定めれば，その法人のみ提出すればよいこととなっています。

図表８-４　同一連結企業グループに複数社日本法人がある場合

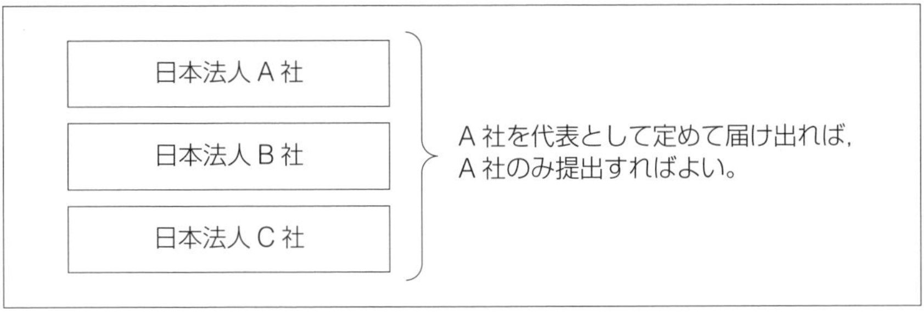

6　各文書と実務的対応

それでは，各文書の詳細を見ていきます。

(1)　最終親会社等届出事項

❶　概要

一定の要件に該当する多国籍企業グループ（簡単に言うとグローバル企業グループ）が，マスターファイル等の移転価格文書を提出しなければならない場合に，その提出期限の１年前に，企業グループのトップの親会社及び日本の連結子会社についての情報を届け出る手続です。

❷　提出義務・時期

最終親会社等届出事項及び後述のマスターファイルは，直前の会計年度の連結総収入が1,000億円以上の企業グループに提出義務があります。提出期限は，①最終親会社届出事項が報告対象年度会計年度終了の日まで，②事業概況報告事項（マスターファイル）が報告対象会計年度終了の日の翌日から１年以内となっています。つまり，マスターファイル提出の１年前に，提出義務者の基礎情報を税務署に届け出るとことが，最終親会社等届出事項提出の役割となっています。

❸ E-TAXの「多国籍企業情報の報告」から申告

上記文書はE-TAXでの提出が義務とされており，特殊な届出であるためか，会計事務所が普段使用している市販の税務申告ソフトでは対応していない場合があります。その場合，国税庁のE-TAXの「多国籍企業情報の報告」というコーナーから申告する必要があり，一定の場合にはCSVデータを取り込む必要があるなど，少し特徴のある操作が必要となっています。

⑵ 国別報告事項

❶ 概要（条約方式と子会社方式）

国別報告事項は，最終親会社の居住地国での情報等を記載した書類です。

なお，国別報告事項で特徴的なのは，最終親会社の居住地国で国別報告事項を提出しており，それが日本との条約締結国であれば，日本の税務署に提出する必要はないという点です。つまり，条約締結国であれば，国税当局同士で情報交換をすることができるため提出が免除されているのです（条約方式）。

図表8-5 国別報告事項イメージ図

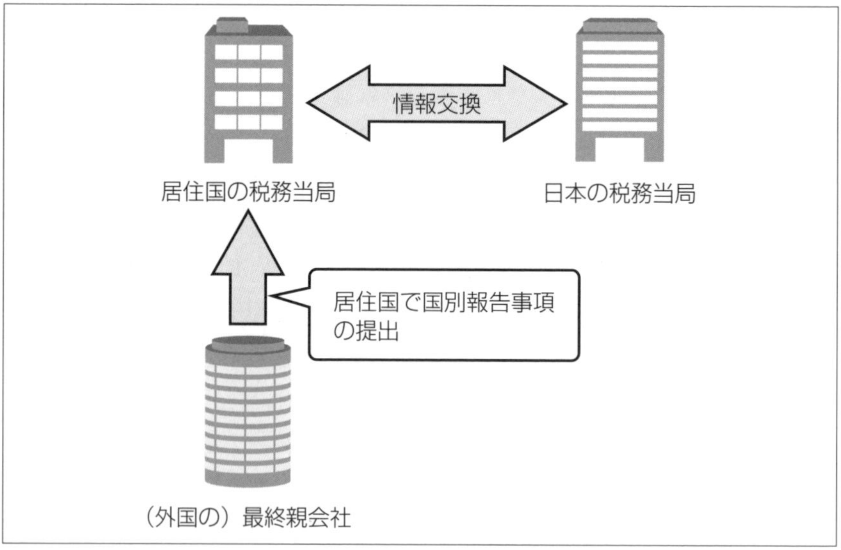

❷　提出義務・時期

最終親会社届出事項と同様，直前の会計年度の連結総収入（関係会社売上高ではない）が1,000億円以上の企業グループに提出義務があります。また，提出期限は最終親会社会計年度終了の日の翌日から１年以内となっています。最終親会社届出事項の期限から１年後ですが，これは，報告する会計年度が終了していなければそれに関する報告文書は作成できないためであり，事前の報告である最終親会社届事項とは異なっています。

❸　E-TAXと言語

最終親会社届出事項と同様，E-TAXでの提出で，言語は英語での提出となっています。提出義務がある場合は少ないと思われますが，日本語での提出ではないため注意が必要です。

⑶　事業概況報告事項（マスターファイル）

❶　概要

事業概況報告事項は，多国籍企業グループ全体の事業概況，関連会社の状況，取引状況等を記載した書類であり，移転価格関係文書のメイン資料といえます。

❷　提出義務・時期

国別報告事項と同様，直前の会計年度の連結総収入が1,000億円以上の企業グループに提出義務があり，提出期限は最終親会社会計年度終了の日の翌日から１年以内となっています。

❸　E-TAXと言語

最終親会社届事項，国別報告事項と同様，E-TAXでの提出で，言語は日本語又は英語となっています。

⑷　独立企業間価格を算定するために必要と認められる書類（ローカルファイル）

❶　概要

ローカルファイルは，関連会社との取引状況，金額の算定根拠等を記載します。

❷ 作成義務・時期

多国籍企業グループ関係の書類と異なり，国外関連者との間の前事業年度の取引金額が50億円以上，かつ，無形資産取引金額が３億円以上である場合に作成義務があります。作成期限は，確定申告書の提出期限となっていますが，これは作成期限であり，提出期限ではありません。提出期限については，調査において提示又は提出を求めた日から一定の期日とされています。

❸ 提出形式と言語

E-TAXによる提出は求められておらず，言語の指定もありません。

⑸ 実務的対応

実務的対応としては，まず，⑷の場合は，日本法人と関連会社の取引が基準であるため，期中会計処理を行う中で確認できます。問題は多国籍グループの場合で，ここは日本法人の情報だけではわからないため，制度の趣旨を説明して最終親会社に確認してもらう必要があります。なお，実際のマスターファイルの作成などは，日本法人というより，最終親会社側で（この規模の法人であると，世界的規模の会計事務所に依頼している場合が多い）作成してもらう必要があり，最終親会社財務部に日本での提出義務について理解してもらう必要があります。

COLUMN 12　移転価格文書の作成（親会社での作成と親会社監査法人との関わり）

本著のテーマとしては，「零細税理士事務所がいかに，インバウンド業務を対応するか」というものですが，外資企業の移転価格文書もテーマとして出てきます。その場合，移転価格文書そのものを日本の税理士事務所が作成するのではなく，移転価格文書は本国の会計事務所（移転価格文書の提出義務がある連結売上高1,000億円以上で考えると，一般的にはBIG4会計事務所）に英語で作成してもらい，それを日本の税理士事務所が移転価格文書として届書などを作成して提出いくこととなります。

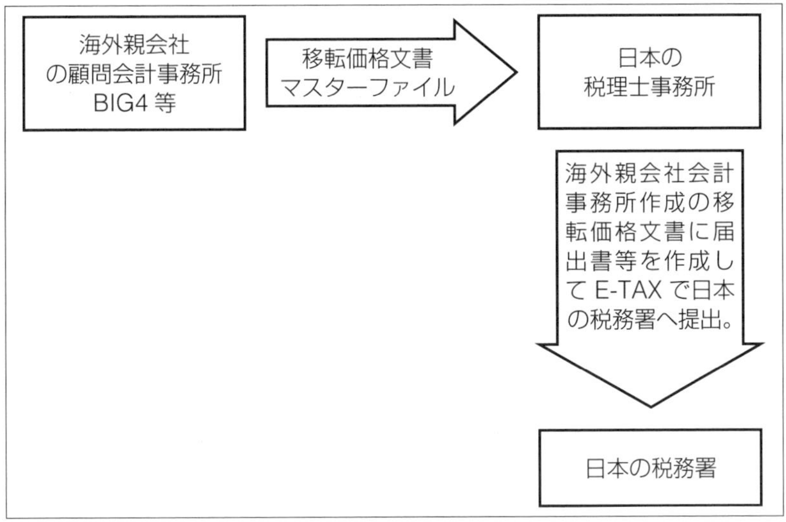

7　事　　例

それでは事例を見ていきます。

【基本状況】

①　外国法人出資の日本法人Ａ社が顧問先
②　日本法人はまだ準備段階で，実質開店休業状態
③　外国法人グループ自体は大規模
④　外国法人グループの決算月は12月

⑴　移転価格提出義務の確認

Ａ社は，日本法人は開店休業状態ですが，企業グループ自体は規模の大きなグループです。そこで，念のため企業の連結総収入がいくらあるか会計事務所から確認したところ，連結総収入が1,000億円以上であることが判明しました。

そのため，会計事務所から移転価格文書の提出義務がある旨を説明し，日本法人の親会社を通じて，企業グループの最終親会社まで連絡してもらいました。当初は，懐疑的であった最終親会社も，本国の顧問の国際四大会計事務所を通じて確認がとれたため，日本で提出義務があることを理解してくれました。

⑵ 最終親会社等届出事項の提出から

日本の制度詳細を説明し，最終親会社の会計年度末から１年以内に，事業概況報告事項（マスターファイル）の提出義務がある旨を理解してもらい，それに向けて準備をしてもらうこととなりました。また，それに先立ち，会計年度末に提出義務のある最終親会社等届出事項の必要事項を収集してもらい，無事12月末にE-TAXで提出することができました。

8 日本法人は小規模でも必ず連結総売上高は確認

通常の業務ではなじみの薄い移転価格関係業務ですが，外資企業を顧問先に持つ場合，上記のように提出義務がある場合もあります。まずは提出することが重要であるため，適切に顧客に説明したいところです。このあたりのフォローができる会計事務所は多くないようで，また，顧客である日本法人の親会社にとってもそのまた上の最終親会社にも適切な制度説明をするという，外国親会社の属するグループ全体にとっても重要な作業をやってもらうこととなり，無事最終親会社からも理解してもらえれば，顧客からの信頼を得るよい機会にもなり得るのではないでしょうか。

2 P　　E

本節では，国際税務における難度の高い論点である，恒久的施設いわゆるPE（Permanent Establishment）について述べます。

国内税務では，あまり馴染みのない概念ですが，簡単に言うと，登記上の拠点が日本国内になくても実質的な事業体等が国内にある場合，国内拠点とみなして課税を行うというものです。

これは，日本の法人税法にも規定されており，その内容は平成30年の改正により実質的に範囲が拡大され，企業にとっては極めて厳しいものとなっています。しかし，租税条約の締結国の場合は租税条約が優先され，租税条約の内容は改正後の日本の国内法より緩やかな場合が多いので，必ず租税条約を確認する必要があります。さらには，後述するBEPS防止措置実施条約の署名国については，租税条約がBEPS防止措置に応じて改定されている可能性があるため，BEPS防止措置実施条約に基づく統合条文も確認する必要があります。

図表8-6　PEの範囲イメージ

❶　日本の国内法 PE
厳格で該当範囲が広い

→

❷　租税条約 PE
・日本の国内法より範囲は狭い
・租税条約が優先

→

❸　BEPS 防止措置
・実施条約の署名国
・統合条文が優先

参照規定としては，「①国内法」は当然ながら日本の法人税法を確認することになりますが，「②租税条約」は日本と相手国との租税条約を確認する必要があります。なお，財務省ホームページには①と②が一覧になっているページがあり，確認がしやすくなっています[2]。

また，「③統合条約」についても確認しやすい財務省のホームページがあります[3]。

2　「我が国の租税条約等の一覧」財務省（https://www.mof.go.jp/tax_policy/summary/international/tax_convention/ tax_convetion_list_jp.html）
3　「BEPS防止措置実施条約に関する資料」財務省（https://www.mof.go.jp/tax_policy/ summary/international/tax_convention/ mli.htm）

1　PEの概要と運用

(1)　国際的概念

PEはOECDモデル租税条約第５条に規定されており，「恒久的施設」とは，事業を行う一定の場所であって企業がその事業の全部又は一部を行っている場所で，下記に掲げるものを含むとされています。

①　事業の管理の場所

②　支店

③　事務所

④　工場

⑤　作業場等

また，上記のような一定の場所を有していなくても代理人PEに該当する場合は，PEに該当するとされてます。

一般的な租税条約は，上記のOECDモデル租税条約に準拠して策定されおり，基本的な構成は各国とも同じです。しかし，後述のとおり細かい内容は国ごとに異なっています。

(2)　実務上問題になってくるケース

上記PEが問題になるのは，非居住者及び外国法人（以下「非居住者等」という）に対する課税では，「国内源泉所得」のみが課税対象とされますが，同じ「国内源泉所得」であっても，その支払を受ける非居住者等の「恒久的施設」の有無，その「国内源泉所得」が「恒久的施設」に帰せられる所得かによって，課税関係が異なってくることとされています[4]。

実務上多くあるケースとしては，日本に設立された外資企業が，海外親会社のサポートをしている場合等が考えられます。具体的には，海外親会社が日本の顧客に商品を販売し，海外親会社の子会社である日本法人は，海外親会社の販売サポートをしている場合等です。この場合，日本法人は海外親会

4 「No.2883　恒久的施設（PE）（令和元年分以後）」国税庁（https:// www.nta.go.jp/taxes/shiraberu/ taxanswer/gensen/2883.htm）

社からコミッションをもらうスキームをとっている場合が多いようです。

図表8-7　コミッショネアスキームのイメージ

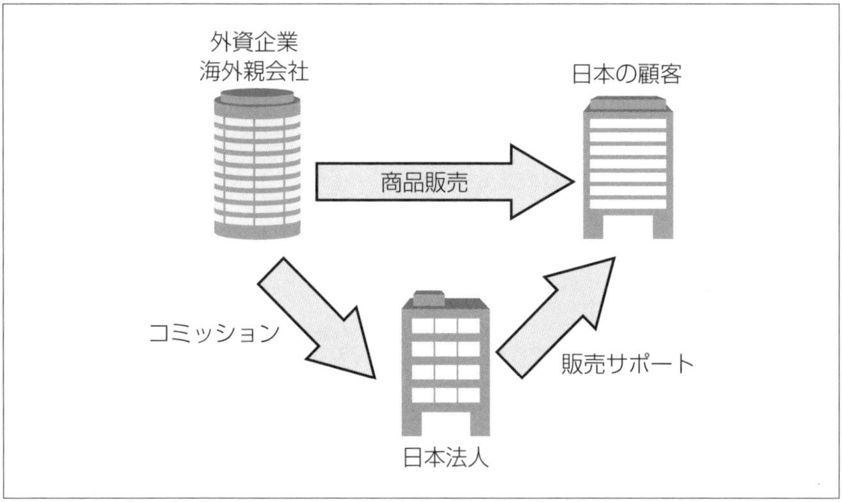

平成30年の改正前は，日本法人が外国親会社の契約代理人等に該当しない場合は，日本の国内法上もPEに該当しませんでした。しかし，平成30年改正により日本の法人税法におけるPEの範囲が実質的に拡大されたため，海外親会社のための営業を行っていた場合は，PEに該当することとなりました。上記のスキームはコミッショネア(問屋)スキームとも呼ばれ，インターネットなどでも改正後は国内法上PEに該当するため，実行が難しくなった旨の解説がよくされています。

(3)　法人税法と租税条約のPEの範囲の相違

ここでのポイントは，日本の法人税法上ではPEの範囲が広いが，租税条約では従来のままであり，BEPS防止措置実施条約署名国の統合条文でも，PEに関しての条項は変更されていない場合が多いということです。ゆえに，それぞれの租税条約，統合条文に基づいてPEの該当の有無が判断されることになり，単純に日本の法人税法上のPEの定義が適用されるわけではないため，注意が必要になります。

それでは，各規定の詳しい内容をみていきます。

2 日本の法人税法におけるPEの定義

日本の法人税法におけるPEの定義は，OECDモデルに準拠していましたが，平成30年改正後は，BEPSプロジェクト実施取組みの一環として，PEの範囲をより広く定義をする改正が行われています。具体的には，以下の内容が変更となっています。

(1) 代理人PEの厳格化

代理人PEについて，常習代理人に関する規定が厳格化されました。従来から，契約代理などを行う居住者はPEとされていましたが，それに加え，資産の所有権の移転に関する契約を継続・反復する代理人は代理人PEと認定されることになり，具体的には非居住者のための営業を行う居住者もPEに該当することとなりました。

この規定により，巷でよく言われるとおり，「コミッショネアスキームが不可能となった」というわけです。

(2) 支店PEの非該当要件の厳格化

保管，展示，引渡しその他の特定の活動を行うことのみを目的として使用する事業を行う一定の場所等は，PEと認定されないこととされていましたが，平成30年度改正では，「補助的機能である施設はPEに該当しない」ということが強調されており，補助的機能のみを行う場合に非該当と解釈されることとなりました。

(3) 建設PEの期間要件の厳格化

建設PEは，12か月を超える期間存続するものですが，建設PEの条件回避のため短期間で契約を切り離したとしても，実態が役務の提供が続いていれば合算してPEの判定を行うこととなりました。

図表8-8　代理人PEの厳格化イメージ

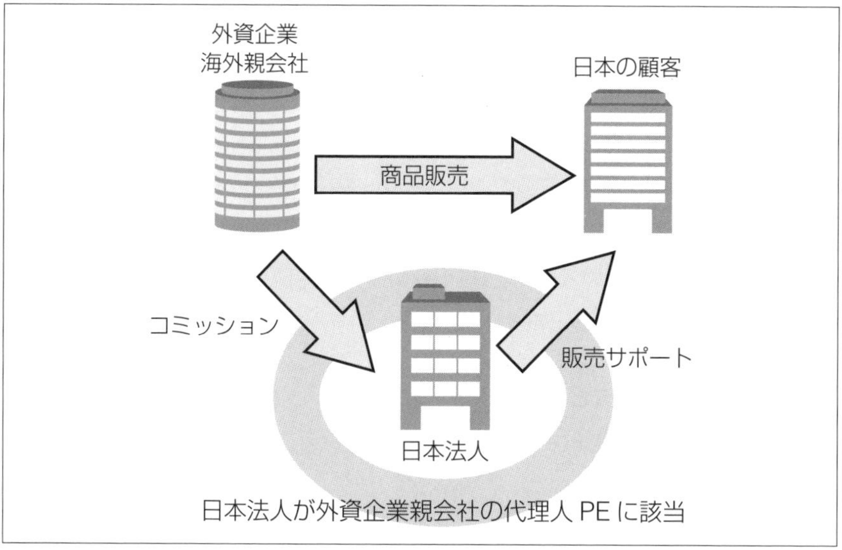

上記のとおり，日本の国内法においてはPEの判定は，実質的に範囲が拡大されたため，企業にとっては従来に比べ非常に厳しいものとなりました。特に代理人PEについては，非居住者のための営業等でも該当することとなったため，従来幅広く行われていたコミッショネアスキームも改正後はPEに該当してしまうこととなりました。これに対する解決策としては，従来海外親会社から日本顧客へ直接販売していた商品を，日本法人を通して販売するほかないといわれています。

上記であれば，PEには該当しません。なお，上記スキームの場合，商流的にはコミッショネアスキームに比べ，商品を直接販売することにより，一般的にはコミッションよりも多くの付加価値（利益）が日本法人に帰属することになり，BEPS防止措置の目的である「国際間の租税回避の防止」がめでたく達成されたことになりますので，税務的な意味について「なるほどなあ」と理解することができます。

ただし，これはあくまで日本の国内法の適用があった場合の取扱いであり，租税条約締結国の場合は，そちらが優先となり，また統合条文締結国の場合

図表8-9　直接販売へ商流を変更した場合のイメージ図

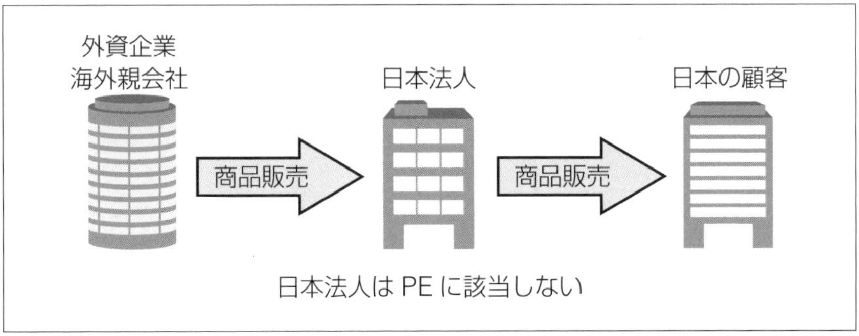

はその内容に基づくことになります。現在，多くの国と租税条約を締結しているため，日本の国内法では改正があったといえども，租税条約を確認する必要があります。

3　租税条約におけるPE

租税条約は，通常はOECDモデル租税条約に準拠しているため，基本的な構成は同じですが，細かい部分は国ごとに内容が異なります。今回の論点であるPEについても，通常は第５条に規定されているおり，どの国でも共通ですが，概念が微妙に異なるため，注意が必要です。

例えば契約代理人はどの租税条約でも規定されていますが，日中租税条約では契約代理人のほか，注文取得代理人もPEとして規定されています。これは，契約の代理だけでなく，注文を受けるだけでもPEに該当するとの意味であるため，通常のPEより該当する幅が広いという解釈になります。

4　BEPS防止措置実施条約に基づく統合条文

租税条約のほか，BEPS防止措置実施条約の署名国については，統合条文を確認する必要があります。これは，BEPS防止措置実施条約の趣旨に基づき，租税条約のうち，実施国間で合意した部分については，BEPS防止措置に沿った内容に変えていこうというもので，変更内容が記載されたものが統合条文です。これも国によりまちまちであるため，上記ホームページ等で確認をしておく必要があります。

規定としては，国ごとに租税条約，統合条約を押さえる必要があります。例えば，中国，香港，シンガポールでも国別に一覧にすると以下のようになり，個別に押さえていくことの重要性がおわかりいただけると思います。

図表８-10　租税条約とBEPS防止措置実施条約　国別比較

国	租税条約	BEPS防止措置実施条約
中国	日中租税条約 第5条に発注代理人有り	未批准
香港	日香租税条約 一般的なOECDモデル	未批准
シンガポール	日星租税条約 一般的なOECDモデル	批准済み，統合条文あり（恒久的施設部分には影響なし）

5　実　　務

直ちに課税が発生するという種類のものではないため，該当する可能性がある場合は，顧客への説明，注意喚起が重要です（顧客も会計事務所も気付かなければ，PEに該当するという潜在リスクを抱えたままたま，ビジネスが進行していくというケースも一定数あるものと思われます）。なお，新興国ほどPEに厳しい傾向があるため，海外親会社が新興国にある場合などは比較的理解してもらいやすい場合も多いのではないかと考えます。

6 事　　例

【基本状況（Ａ社）】

①　外国法人出資の日本法人Ａ社が顧問先である。
②　日本法人Ａ社は，外国親会社Ｂ社の日本国内顧客への販売をサポートしている。
③　②の対価として外国親会社Ｂ社は日本法人に委託手数料を支払っている。

⑴　PEのリスクの検討

会計事務所の分析によると，上記は典型的なコミッショネアスキームであり，日本の国内法で判断した場合，PEに該当するとの判断に至りました。また，相手国との租税条約，BEPS防止措置実施条約国との統合条文を確認すると，営業行為もPEに抵触する可能性があることが判明しました。

⑵　顧客への説明と，商流の変更

⑴のリスクを顧客に説明したところ，担当者レベルではなかなか話を理解してもらえませんでしたが，財務責任者に会議を提案して話をしたところ，趣旨はよく理解してもらえました。財務責任者からは，「話はよくわかった，社内で再度検討する」との返事をもらい，その後，顧客が社内で検討した結果としては，「親会社から日本法人へ販売し，日本法人が日本の顧客へ販売することとする」という方針となり，商流を変更することとなりました。これにより，従来のコミッショネアスキームから直接販売するスキームへ変更され，代理人PEに該当することによるPEリスクはなくなりました。

7 PEは租税条約の確認が必須

従来より厳格となっているPEですが，直ちに課税が発生するものでないため，リスクを見逃しがちです。しかし，該当している場合，指摘されると逃れようがないため，そもそもの商流，スキーム設計の段階からPEリスクがないかどうかを確認し，必要があれば，商流，スキームの変更も顧客に検討してもらう必要があります。また，国内法では該当しても，租税条約，BEPS防止措置実施条約に基づく統合条文では問題ないケースもあるため，これらも必ず確認する必要があります。

COLUMN 13　PE課税（実際には租税条約・統合条文が勝負！）

筆者の中国駐在時代，現地法人から海外への送金時や，個人所得税のステータス確認等の際に，PE（恒久的施設）課税がよく話題になっていました。当時は日本本社からもかなり注目された論点で，様々なやりとりをした記憶がありますが，PE課税は国際的な課税概念ですので，当然，日本側でもあります。外国企業の日本進出の増加に伴い，日本でのPE課税を検討する機会も増えていますので，今回はそちらについて解説します。

1．実は日本の国内法は超厳しい！

日本の法人税法におけるPEの定義は，OECDモデルに準拠していましたが，平成30年改正後は，BEPSプロジェクト（国際的租税回避防止）実施取組みの一環として，PEの範囲より広く定義をする改正が行われ，かなり厳しい内容となっています。

具体的には，代理人PEの厳格化等がなされ，日本法人で外国親会社のために営業を行う等の行為もPEとなる可能性が出てきました。

2．ネットの解説は日本の国内法が主だが，租税条約優先

ただし，上記はあくまで日本の国内法の適用があった場合の取扱いです。ネットの解説も上記国内法を前提として，「超怖～い」感じのものが多いですが，租税条約締結国の場合は，そちらが優先となります。現在，日本は多くの国と租税条約を締結しており，租税条約は日本の国内法ほど厳しくない場合も多いため，租税条約を確認する必要があります。

３．結局勝負は租税条約と統合条文

租税条約のほか，BEPS防止措置実施条約の署名国については，統合条文というもので，租税条約の内容を上書きしていますので，こちらも確認する必要があります。ゆえに，PEについては，国内法が厳格になったといえども，実際の勝負は対象国の租税条約と統合条文といえるのではないでしょうか。

COLUMN 14　各国の租税条約比較とその意味

１．微妙に違う各国・地域の租税条約

租税条約はOECDモデルを参考にしているため，各国との租税条約は基本的な構成は同じです。しかし，各国，地域で微妙に異なる点があり，そこが税務上重要な論点になる場合もありますので，やはり対象国，地域との租税条約を確認する必要があります。

２．各国租税条約ＰＥ条項比較

例えば，一部の国・地域を例に挙げて比較すると，以下のとおりとなります。面白いのは中華圏の国，地域でも結構内容が異なる点です。例えば，中国本土か香港などもしっかり確認しなければなりません。

国，地域	注文取得代理人	建設工事	建設工事監督	役務提供等	統合条文
インド	PE該当	PE該当（6か月超）	PE該当（6か月超）	天然資源の探査（6か月超）はPE該当	有
オーストラリア	規定なし	PE該当（12か月超）	PE該当（12か月超）	天然資源の探査（90日超），大規模設備の運用（183日超）はPE該当	有
シンガポール	規定なし	PE該当（6か月超）	PE該当（6か月超）	規定なし	有
台湾	規定なし	PE該当（6か月超）	PE該当（6か月超）	一定の役務提供（6か月超）はPE該当	無

中国	PE該当	PE該当（6か月超）	PE該当（6か月超）	一定の役務提供（6か月超）はPE該当	未批准
香港	規定なし	PE該当（12か月超）	PE該当（12か月超）	規定なし	未批准

３．租税条約インド問題

租税条約で論点が多いので有名なのがインドとの租税条約です。

よくある事例が，日本企業がインドから日本国外で技術支援等の役務提供を受け，日本から対価を支払う場合，国内法では当然役務提供が国外であるため，国外源泉所得に該当し源泉徴収は不要ですが，日本インド租税条約の第12条（使用料及び技術上の役務に対する料金）では，所得源泉地を債務者主義（支払者の住所地が源泉所得発生地とする）をとっていますので，国内源泉所得に該当してしまい源泉徴収が必要になることとなります。日本の課税当局もこの点をよく知っているのか，日本の税務調査で指摘されたという事例を結構よく聞きます。ゆえにインドとの取引がある場合には，租税条約は特に要注意といえます。

第9章 人の採用・社会保険

本章では，外資企業に多い外国人社員を採用した際の注意点について述べます。社員を雇用するという点では日本人社員と同様ですが，プラスして外国人社員特有の注意点と手続があります。特に在留資格の確認などは，資格がない場合，不法就労にもつながりかねないため，税務には縁遠い点ですが注意喚起が必要です。

1　外国人採用時の注意点

外資企業が日本で社員を採用する場合，日本人を採用しても外国人を採用しても税務的にはさほど違いはありませんが，他の手続には大きく異なる点があります。具体的には以下のとおりです。

1　採用前（在留カードの確認）

外国人を採用する場合の手続で,最も重要なものは在留カードの確認です。在留資格がなく就労した場合は，不法就労となる可能性があり，事業主にもペナルティがあるため必ず行う必要があります。

また，在留資格により就労できる業務範囲も異なるので，採用企業で就労できる在留資格かどうかも確認しなければなりません。

この「在留カードがなければ不法就労となる可能性があり，在留カードがあっても採用企業の業種について就労可能の記載がなければ不法就労となる可能性がある」という点は，日本人採用にはないステップであるため，よく認識しておきたいところです。

図表9-1 在留カードの確認

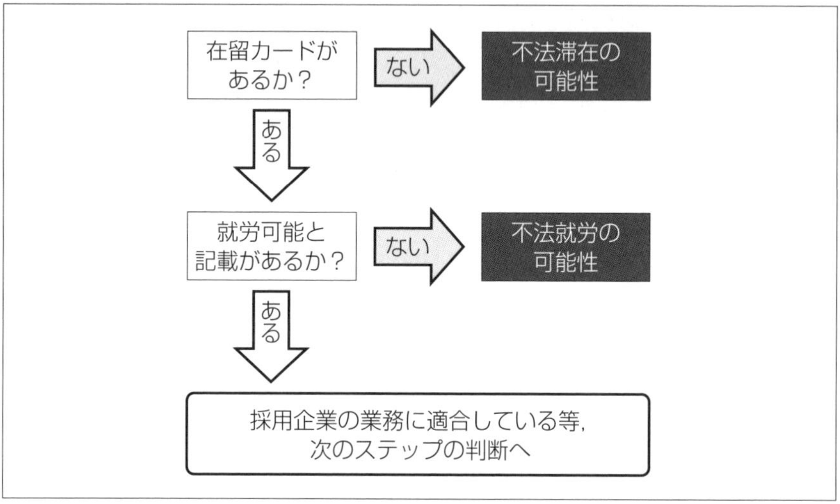

なお，筆者は行政書士資格も登録しており，行政書士会の研修でこのテーマに関する講義を受けたことがあります。その際，非常に怖いなと思ったことが，「行政書士業務の特徴は，他の士業業務に比べて警察が非常に近いところにあるという点だ。在留資格でミスがあると，依頼者が逮捕されるといったことにもつながるため，ゆめゆめ注意されたい」という講師の発言です。

例えば在留資格の更新手続等は，1日でも期限を過ぎてしまうと，依頼者が警察から職務質問を受けた場合にオーバーステイが判明すれば，容赦なく逮捕されてしまいます。基本的にミスがあっても経済的な面でのペナルティで済む税理士業務と比べ，行政書士業務は，また違った緊張感があるといえるでしょう。

2　採用後（入国管理局の届出・在留期間の更新）

上記の在留カードの確認は，当局によるPRも幅広く行われているため，ある程度浸透しています。しかしながら，在留カードが確認できて，めでたく採用となった後にもやるべき手続があります。

採用後には，在留資格に基づき必要に応じて，本人が所属機関に関する届け出や，在留期間の更新などを行わなければなりません。

具体的には，以下のようなものです。

① 外国人が有している在留資格で採用先企業の業務に就労可能な場合，所属機関（就職先）に関する届出を行って就職し，その後，在留期限が切れる前に在留期間の更新を行う。

➡ 現在有している在留資格で就職が可能だが，所属機関の変更の手続を行って入社する必要がある（在留資格が「技術・人文知識・国際業務」，「経営管理」等の場合）。

② 外国人が有している在留資格では採用先企業での業務に就労できない場合，まず在留資格を変更してから，変更後に採用する必要がある。

➡ 在留資格を変更しなければ入社できない（在留資格が「高度専門人材」，「社内転勤」等の場合）。

③ 外国人が有している在留資格で採用先企業での業務に就労が可能だが，その後，採用先企業が現在の在留資格にふさわしくない業務内容に就業させる場合，業務内容変更前に在留資格の変更を行い，在留資格変更後に変更後の業務内容に従事させる必要がある（在留資格が「技術・人文知識・国際業務」で就労したのに，途中から単純労働に従事させる場合等）。

➡ 従事させる業務内容が変わる場合，業務内容変更前に在留資格を変更し，その後に在留資格を変更する。

上記のとおり，在留資格は多岐にわたり，関係はかなり複雑なため，専門家でないと判断や手続が難しく，素人判断は危険というべきものです。ゆえに，顧客企業と相談して在留資格の届出・変更・更新関係の業務は，必要に応じて在留資格に詳しい行政書士などを起用して対応してもらうのが望ましいでしょう。

図表9-2 在留カード確認後の手続

	必要な手続	想定される在留資格・パターン
在留資格で，採用先企業に就労可能	所属先変更届	「技術・人文知識・国際業務」，「経営管理」等
在留資格では，採用先起業に就労不能	在留資格の変更	「高度専門人材」，「社内転勤」等
在留資格で就労可能だが，採用先起業が従事させる業務内容を変更	在留資格の変更後に，従事業務内容の変更	当初，「技術・人文知識・国際業務」で就労したにもかかわらず，途中から単純労働に業務内容を変更する等

※　簡略化した例です。詳細は必ず在留資格に詳しい専門家にご相談ください。

2　外国人社員と在留関係

1　顧客企業の外国人社員の主な在留資格

外資企業では，日本在住の外国人を社員として雇用する場合が多くあります。日本在住の外国人の場合は，日本人のように特に制限なく，どの企業でも働くことができるというわけではなく，日本在住外国人にも在留資格に基づく就労許可があり，雇い入れ企業の業務内容が，就労許可が認める業種である場合に働くことができることになります。

一般的な企業の外国人社員の主な在留資格は以下のとおりです。

(1)　身分に基づく在留資格

「身分」というと，江戸時代の士農工商のようなものを連想してしまいますが，全くそんなものではなく，「日本人の配偶者」などといった場合の外国人個人の身分（身分というか一般的には日本人，永住者の家族といったイメージでしょうか）に基づく在留資格を持つ場合を指します。

⑵　就労系の在留資格

就労系の在留資格は，⑴と異なり，「技術・人文・国際」等のように身分ではなく，外国人個人のスキル，能力により就労，在留が認められている資格です。ゆえに，就業可能な業種は通常限定されています。

2　入社時に必要な手続

大きく以下の手続に分かれます。

⑴　在留資格系

上記記載のような手続が必要となります。上述のとおり会計事務所ができる手続ではなく，不法就労などになると大変なことになりますので，顧客企業自身に対応してもらうか，詳しい行政書士等に任せた方がよいでしょう。

⑵　社会保険系

通常どおりの入社手続になります。なお，雇用保険については通常の資格取得手続を行うことで，外国人の雇用状況の届け出義務は完了することになります[1]。

こちらも社会保険労務士に対応してもらうことになります。

⑶　税　務　系

扶養控除申告書及びそれに伴う身分証明書等の資料を確認する必要があります。なお，途中入社の場合，「前年分の住民税はどうするのだ？」という問い合わせがありますので，しっかり説明しておくのがよいでしょう。

1　「「外国人雇用状況の届出」は、全ての事業主の義務であり、外国人の雇入れの場合はもちろん、離職の際にも必要です！」厚生労働省（https://www.mhlw.go.jp/stf/seisakunitsuite/bunya/koyou_roudou/koyou/gaikokujin/todokede/index.html）

COLUMN 15　不法滞在（行政書士業務は警察が近い）

1．在留資格と不法滞在

インバウンド業務をやっていると，外国人社員の方などは珍しくありませんが，入管法で認められて初めて日本に居住できるというたてつけとなっているため，入管法は厳守する必要があります。会計事務所業務で刑事罰というのは，非常に縁遠いものですが，入管法では以外に身近なものです。

例えば，企業が在留カードの確認を怠り，不法滞在の外国人の雇用を雇用してしまった場合，企業は「不法就労助長罪」に問われる可能性があります。

2．経済的損失では済まない

上記のように，経済的損失では済まない部分がありますので，外国人の入管法関係の手続等は詳しい行政書士等に確実に担当してもらうようにし，不備がないようにしたいものです。

3．拘留と期限

在留資格の期限なども厳格に運用されており，１日でも過ぎるとオーバーステイということで，外国人の方が警察官から職務質問を受けた際にいきなり逮捕，拘留となってしまう事例もあるようです。また，在留資格の更新手続中でパスポートなどを預かる際，パスポートを預けていることを示す証明がないとこれまた拘留されるような事例もあるようですので，やはり餅は餅屋で詳しい専門家に対応してもらうべき業務だというのが，おわかりいただけるかと思います。

COLUMN 16　税理士は行政書士登録をすべきか？

１．税理士の行政書士登録

税理士は，行政書士試験を受けることなく，登録をすれば行政書士として活動することができ（正確にいうと，「行政書士となる資格があります」と表現されています），筆者も行政書士登録をしています[2]。

行政書士の主な業務は，官公庁あての書類の作成代行ができるというかなり業務範囲が広いものですが，一方で独占業務となっているものも意外にあり，税理士でも業務によっては，登録して行政書士業務を行うと相乗効果が出るものもあります。

２．行政書士登録をすると対応可能になる業務で税理士業と関わりが深いもの

試験を受けずに登録ができるという税理士にとってはありがたい制度ですが，実際の実務での必要性を考慮すると，必ずしも登録までしなくてもよいという声も聴きます。税理士がどういった業務で行政書士資格を生かせるのかという観点から述べてみたいと思います。

①　在留資格関係

本書でも紹介した在留資格関係業務です。本書のような外国関係業務をやる場合，行政書士登録をしていると相乗効果があり，有用であるといえます。

②　建築業関係

他の税理士の方のお話を聞いていると，建築関係の書類作成，提出のために行政書士登録をされている方もいるようです。

③　医業関係

医業を顧客に多く持つ税理士の方も，医業関係の書類作成，提出のた

2　「新規登録申請のご案内」東京都行政書士会（https://www.tokyo-gyosei.or.jp/registration/qualification.html）

めに行政書士登録されている方もいるようです。

④　相続税申告を伴わない遺産分割協議書

意外と盲点なのが，税理士にも縁が深い相続時の遺産分割協議書の作成です。遺産分割協議書の作成が相続税申告に必要な場合は，税理士でも作成できますが，相続税の申告を伴わない単独での遺産分割協議書の作成は税理士ではできませんので，作成するには行政書士資格が必要であることになります。

３．違う世界とのつながり

筆者は税理士としての資格で行政書士登録をしましたが，上記２の具体的な業務メリットのほか，良かったなと感じたのは，行政書士の先生方と接点ができ，行政書士の世界を知ることができたという点です。やはり同じ士業でもかなり雰囲気は違いますし（個人的には監督官庁の違いも大きいのかなと感じています），違う世界の先生方と日常的に交流することができますので，いろいろと刺激にもなり，そこが大きかったと感じています。

４．入会金（５年で均等償却）

入会金は20万円です。せっかくですので，税理士事務所自体の会計処理的な話をしますと，ちょうど，税法上の繰延資産に該当する額になっていますので，一括経費算入はできず，同業者団体に対する加入金として５年で均等償却をしていくことになります。

3　税　　務

1　マイナンバーとともに在留カードを

基本的には日本人社員と同じですが，扶養控除申告書作成の際の必要書類として，通常の身分証明書，マイナンバーのほか，在留カードのコピーも取るようにします。

2 国外扶養親族

外国人社員の場合，所得税法上の扶養家族として，国外扶養親族がいるケースが多いです。国外扶養親族については，ご承知のとおり提出資料が非常に厳格になりました。そのため，国外扶養親族がいる場合には，入社と同時に必要資料を本人に周知しておきたいものです。

国外の扶養親族も要件を満たせば，所得税法上扶養親族とすることが可能です。ただし，国外扶養親族の場合，国内の扶養親族の場合の要件に加え，源泉徴収義務者へ国外の扶養親族であることを証明する趣旨の書類の提出が必要となっています。

具体的には，①親族関係証明書類，②送金関係書類が必要となっており，毎月の源泉徴収時は①，年末調整時は②，確定申告時には，①，②が必要となっています。

国外の扶養親族も提出書類以外の親族要件，所得要件などは，国内の扶養親族と同様です。

上記のとおり，提出のタイミングとしては，年末調整を行う場合は，扶養控除申告書提出時と年末調整時，年末調整を行わず確定申告を行う場合は，確定申告時に税務署へ提出となっており，書類は日本語翻訳の必要があるとされています。

図表9-3　必要書類の具体例

書類	具体例
親族関係書類	戸籍の附表，外国政府が発行した書類
送金関係書類	送金時の銀行関係書類（現金手渡しは不可）

また，送金関係書類で非常に厳格なのが，送金先が国外扶養家族本人でなければならないという点です。現金の引渡しも不可とされているため，事前に社員に知らせておきたいところです。

図表9-4 提出書類の時系列イメージ

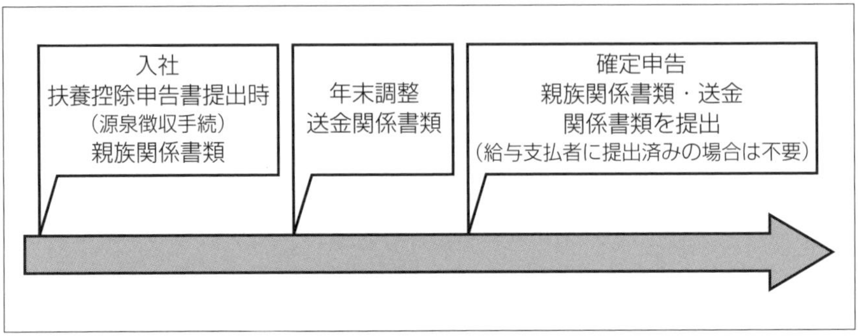

3 扶養控除申告書・年末調整関係資料は各言語による資料も

外国人であっても，企業から給与がでていれば会社が毎月の源泉徴収と年末調整をしています。この場合，驚くべきことに（筆者が不勉強にして知らなかっただけかもしれませんが），扶養控除申告書や，保険料控除申告書が各言語で作成されています[3,4]。

こういったものは，国際関係を行う税理士としてはぜひ有効活用すべきでしょう。外国人に対しても公的情報というのは非常に説得力があるため，せっかく政府が作成してくれている外国語のページは積極的に活用したいところです（なにせ，自前で翻訳をしなくてよいのがありがたいです……）。

3 「《外国語》令和2年分給与所得者の基礎控除申告書兼配偶者控除等申告書兼所得金額調整控除申告書」国税庁（https://www.nta.go.jp/taxes/tetsuzuki/shinsei/annai/gensen/annai/1648_01_gaikokugo.htm）

4 「《外国語》令和元年分給与所得者の保険料控除申告書」国税庁（https://www.nta.go.jp/taxes/tetsuzuki/shinsei/annai/gensen/annai/1648_05_gaikokugo.htm）

COLUMN 16　国外扶養親族の当局による重点マークと在日外国人の中での情報

国外扶養親族に関しては，主に，①親族関係書類，②送金関係書類が必要とされています[5]。

送金書類が各人別必要など，ある種現実的でない要件もある気がしないでもないですが（例えば，国外に子供の扶養親族がいる場合も，子供の口座あてに送金しなければなりません），国外扶養親族を加えてくる外国人の方は，意外にもこうした要件はきっちり充足されており，資料も提出されるケースが大半です。これは在日の外国人コミュニティの中で情報共有があるからと推測しています。

COLUMN 17　所得税年末調整と国外扶養親族

１．年末調整（日中の個人所得税計算の相違点）

以前，給与に対する個人所得税の日中の大きな相違に，「中国は月次ベースで税額を計算するが（現在では中国も年次計算に改正），日本は月次では仮の金額を源泉徴収しておき，年末調整で正しい税額を計算し，精算する」というものがありました。その「年末に正しい税額を計算して精算する」という計算手続がいわゆる「年末調整」です。本コラムでは外国人の方の年末調整でよく出てくる「国外扶養親族を控除対象とする場合の要件」について解説します。

２．国外扶養親族の要件

国外扶養親族について，所得税法上，扶養控除の適用を年末調整で受けるには，以下の書類を源泉徴収義務者（会社）へ提出することが義務付けられています。

5　「国外居住親族に係る扶養控除等の適用について」国税庁（https://www.nta.go.jp/taxes/tetsuzuki/shinsei/annai/gensen/kokugai/index.htm）

① 親族であることを証明する書類

② 本人から国外扶養親族へ送金した書類

なお，これは源泉徴収義務者への提出が要件であり，税務署に提出が必要とされているものではありません。

3．家族分を一人にまとめて送金したら？

上記の①は問題ないとして，②が実務上ハードルとなるようです。送金も「誰か一人にまとめて送金してはダメなのですか？　送金手数料もかかりますし……」というようなお問い合わせを受けることがあります。しかし，これには国税庁もしっかりとした回答を出しており，「まとめて送った場合は，送金された者のみの送金書類として取り扱う」とわざわざ書いてあります[6]。

この辺り，外国人向けに書いているせいか，妙に親切な感じもしますが，日本の国税庁の気合の入りようもうかがえます。

4　社会保険（社会保障協定）

次に，社会保険です。社会保険も通常は日本人社員と同様ですが，一点，留意点があります。それは国家間の社会保障協定です。社会保障協定は，現在日本は20か国と締結されています。社会保障協定の内容は，一定期間以内の相手方の国での居住については，母国での社会保険加入継続を条件として，一時的な居住である相手方の国での社会保険加入を免除しようというものです。外国人社員の本国が日本との社会保障協定締結国である場合，日本での社会保険加入を免除される場合があるということになります。

6 「国外扶養親族に係る扶養控除Ｑ＆Ａ」国税庁（https://www.nta.go.jp/publication/pamph/pdf/kokugaifuyou-QA.pdf）

図表9-5　社会保障協定

社会保険の免除対象は，健康保険，厚生年金の両方が免除になる場合や，厚生年金のみ免除される場合など，国ごとの社会保障協定の内容により異なっていますので，該当国の社会保障協定の内容を確認する必要があります。

中国に関しては，2019年9月から日中社会保障協定が発効となり，年金部分のみが対象となっています。現状の実務では，日本人の中国駐在員は中国で免除の適用を受けていますが，日本にいる中国人社員は日本の社会保険に通常どおり加入しているケースが多いようです。

上記を踏まえると，税務だけでも入社時には以下の書類を取得する必要があります。

❶　マイナンバーカード（又は通知書及び住民票等）

現在では，マイナンバーカード，カードがない場合はマイナンバー通知書と身分証明書の確認が必須となっています。

❷　在留カード

外国人の場合，在留カードを必ず持っています。税務で確認する必要はないのですが，先述のとおり，万一不法就労などということになると大変なことになりますので，外国人であるなら一緒に提出してもらう方が安心かと思います。その上で，「入管関係の手続は会社もしくは行政書士さんに依頼してくださいね」というスタンスが会計事務所としてはよいのではないかと考えます。

❸　所得税扶養控除申告書

上記資料とともに，所得税扶養控除申告書を提出してもらいます。なお，扶養家族については，社会保険の扶養家族とは概念が異なりますので，必要に応じてそちらもフォローします。また，国外扶養親族がいる場合がありますので，要件や必要資料等もお知らせしておきたいところです。

COLUMN 18　社会保障協定と実務

１．社会保障協定

社会保障協定とは何なのでしょうか。社会保険制度のある国に外国人が就労すると，基本的にはその国の社会保険制度に加入する必要があります。これは，日本で働いてくれている外国人の方が，給与から社会保険料を天引きされ，日本の社会保険制度に加入していることをイメージいただくとわかりやすいかと思います。その逆パターンで，外国に駐在している日本人も赴任地の社会保険制度に加入し，社会保険料を納付するのが原則ですが，双方の国で同意すれば本国の社会保険加入のままでＯＫにし，二重加入にならないようにしましょうというのが社会保障協定です。社会保障協定は租税協定に比べ締結国は少なく，現在でも二十数か国にとどまっています[7]。

２．社会保障協定の適用を受けるには

上記社会保障協定は，通常相手国への派遣期間が５年を超えない場合に適用が可能です。適用を受けるためには，外国人本人が自国の年金担当窓口で，自国の社会保障制度に加入していることを証明する適用証明書を入手し，就労企業に当該適用証明書を提出して，企業が日本の年金事務所に届け出ることによって，社会保障協定の適用を受けることができ，日本の社会保険の加入が免除されることになります。

なお，筆者が以前駐在していた日中社会保障協定の協定発効に至るまでの経緯と，中国独特の地域差については，「Column19」のとおりです。

7　「社会保障協定」日本年金機構（https://www.nenkin.go.jp/service/shaho-kyotei/20141125.html）

COLUMN 19　日中社会保障協定発効

１．８年越しの日中社会保障協定発効！

ついに，2019年９月から日中社会保障協定が発効となりました。中国で外国人の社会保険加入が義務化されたのが2011年で，当時の日系企業社会では上へ下への大騒ぎとなりました。結局，「日中社会保障協定の締結が急務だ！」という話になり，当時から政府間の交渉は開始されたのですが，日中関係の影響などもあり，実に８年越しでの発効となりました。2011年当時，私は中国に駐在しており，商工会等で多数のセミナーを行い，騒ぎの渦中におりましたので，今回の発効は感慨深いものがあります。ただ，それだけ歴史的なことではありますが，今回の発効が実務上直ちに全企業に影響があるわけではありません。

２．社会保障協定とは？

日中で無事，社会保障協定が締結，発効に至ったというものですが，対象となるのは，年金部分（中国養老保険，日本厚生，国民年金）のみです。これは国によって様々です。

３．手続が必要（まだ実務上徴収していない地域も）

本協定の一方の国で徴収免除の適用を受けるには，本国での適用証明書の取得，赴任地での申請といった手続が必要になります。また，中国では地域により，そもそもの外国人への社会保険の徴収運用状況が異なります。日系企業が多い上海，大連といった都市では，現在のところ実務的には強制徴収はされていませんので，当該都市では本協定も直ちに影響があるわけではないこととなります。

また，実務的には中国に駐在する日本人駐在員は，社会保険の加入義務がある都市では，多くの駐在員が当該規定の適用を受けていますが，日本で就労する中国人が規定の適用を受けているケースはまだあまりないようです。

これは，面白い現象だと思いますが，筆者の推測では，日本と中国で年金のベネフィットが異なること，日本人駐在員は数年で帰国することを前提としていることが多いですが，日本で就労する中国人の方はそのまま移住するようなパターンが多いといったところが理由ではと考えています。

5 事　　例

それでは事例を見ていきます。

【基本状況】

① 資本金
資本金500万円
② 法人概要
中小外資系の日本法人，第１期目
③ 社員
日本人社員１名，外国人社員１名

上記のような法人があり，日本人社員の後に外国人社員が入社してくることとなり，必要資料などについて顧客企業から相談がありました。

1 必要資料（採用前に在留カードを確認）

「日本人社員の入社時と同じような，税務関係資料，社会保険関係資料でよいのか？」と顧客企業から質問がありましたが，外国人はなにはともあれ，在留カードの確認が必須である旨，必要に応じて在留資格に強い行政書士に確認が必要である旨を伝えました。会社が採用予定者の在留カードを確認したところ，「技術・人文知識・国際業務」，いわゆる「技人国（ギジンコク）」による在留資格を有しており，対象企業の業務内容も当該資格で対応可能である旨行政書士に確認がとれました。

2　採用後（届出は行政書士に依頼）

採用は問題ありませんが，その後に所属機関（雇用先）の変更手続が必要であるため，当該手続を行政書士に依頼し，在留資格関係の手続を完了した上で，入社，就業開始となりました。また，入社後は，税務，社会保険の手続の準備を手配していきました。

3　社会保険（社会保障協定締結国の確認）

社会保険に関しては，当該外国人社員の母国は社会保障協定締結国ではなかったため，通常どおり日本での社会保険加入を社会保険労務士が行いました。

4　国外扶養親族に関する資料の注意喚起

外国人社員に扶養控除申告書の提出をしてもらったところ，国外扶養親族がいることが判明しました。そのため，親族関係種類，送金関係書類が必要である旨を説明し，また，送金書類の受取人は本人でなければならない旨も説明をしました。

上記の対応の結果，外国人社員自身も納得した様子で，安心した様子であり，また，親会社の外国法人も日本人社員とは異なる対応が必要である旨を理解し，この事務所は外資系企業対応に慣れた会計事務所であると，より信頼感を深めた様子でした。

6　外国人特有の手続の把握

社員の入社といえども，外国人の入社は特徴的な面があります。また，在留資格関係は，かなり複雑で素人判断は危険な分野であるため，餅は餅屋で在留資格に強い行政書士などの専門家に対応してもらうよう差配していくのが，安全かつスムーズに進める方法ではないでしょうか。

COLUMN 20　ネット配達員（個人事業主）の税務と在留資格

コロナ禍の影響で，某宅配食事サービスの配達員の方を，あちこちで見かけるようになりました。ただ，この方々は雇用形態による従業員ではなく，それぞれが個人事業主という扱いになっているようです。また，外国人の方も以前はよく見かけましたが，筆者も行政書士の端くれとして，「どの在留資格で就業しているのかな？」と，以前から少し気になっていました。

1．個人事業主は確定申告が必要

以前は出前配達員というと「雇われ従業員」的なイメージがありましたが，某宅配食事サービスでは個人事業主として契約しているようです。その場合は，配達員の所得は給与所得ではなく，事業所得（副業の場合は雑所得の場合も）となるため，各人確定申告が必要になります。

2．20万円以下の雑所得は所得税は申告不要だが住民税は必要

副業として雑所得で確定申告する場合，よく言われるのが「雑所得が20万円以下で，かつ他に給与以外に所得がなければ確定申告しなくてよい」というものです。これは所得税法においては正しいのですが，一方で住民税は当該免除規定がありませんので，住民税は申告しなければなりません。ややこしいですね。

3．実は専門・技術系ではなく身分・資格外活動許可

さて，外国人の方が配達員をやっている場合の在留資格はどうなっているのでしょうか。もともと，日本の労働が可能である在留資格は，「どこかに雇われることを想定」していると思われるため，私もどうなっているのか以前から不思議に思っていました。詳しい行政書士の方にも聞いてみたのですが，まず，「高度専門人材」や，「技・人・国」と呼ばれる「技術，人文，国際」等という，高度な専門性，技術を持つとされる外国人の方の在留資格では就労できません。高度な専門性に該当する就労じゃないとい

う解釈かと思われます。そうなると，就業できるのは，

①　日本人，永住者の配偶者等の「身分に基づく在留資格」か，

②　「留学生」や「家族滞在の在留資格」を持つ方が資格外活動許可を受けて就業する

パターンになるようです。言われてみればなるほどと思いますが，王道の労働系在留資格である技人国がダメで，身分系と資格外活動許可系が外国人配達員の主力を占めているのは意外な気もしました。

第10章 決　算

年末が迫り，会計事務所の繁忙期がやってくると，３月決算が終わる５月までは，会計事務所にとっては，忙しく気の抜けない時期となります。特に，外資企業を多く顧客に持つ会計事務所は，12月決算の会社が多いため，年初早々から大忙しとなり，計画的に対応していかないと確定申告とバッティングして苦しむことになります。

本章では，零細会計事務所が外資企業の12月決算への集中をどのように乗り切っていくべきかについて解説します。

1　12月決算への集中

外資企業を顧客に持つと，どうしても12月決算が多くなります。これは，親会社が本国では日本のように決算月が自由でなく，法律上12月決算にしなければならないといった国が多いためで，そのため日本の子会社も親会社の決算月に合わせて12月にするといった理由によるものです。特に，親会社が大きく，連結財務資料を作成するような企業ほどその傾向が強いため，会計事務所にとっては負担が大きく，12月決算対応は外資系対応を中心に行う会計事務所にとって正念場となります。

2　考えられる対策

対策としては，大きく外部面の対策と会計事務所の内部面の対策があります。

図表10-1 親会社の事情に合わせた決算

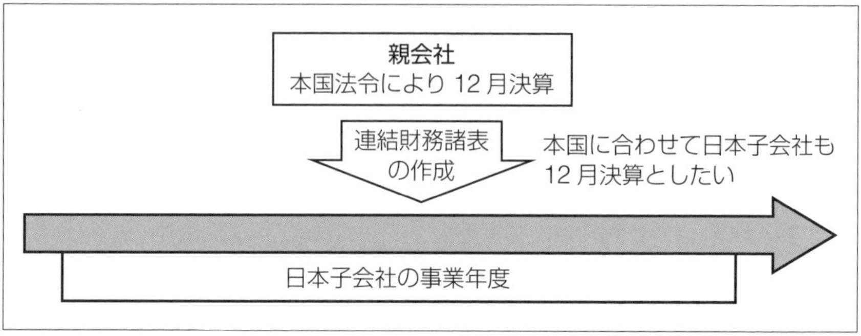

1 外部面の対策

(1) できれば決算月はそのままに……寝た子を起こすな！？

外資企業設立の場合，最初から12月決算にしているきちんとした会社もありますが，設立時は決算月のことなど，あまり考えていない企業も結構あります。そうした場合，設立コンサルなどが決算月を設定するのは，「決算月を設立登記の前月にする」というものです。要は，初年度から12か月とるようにして，なるべく申告を遅くしたいという発想です。

図表10-2 当初の決算期

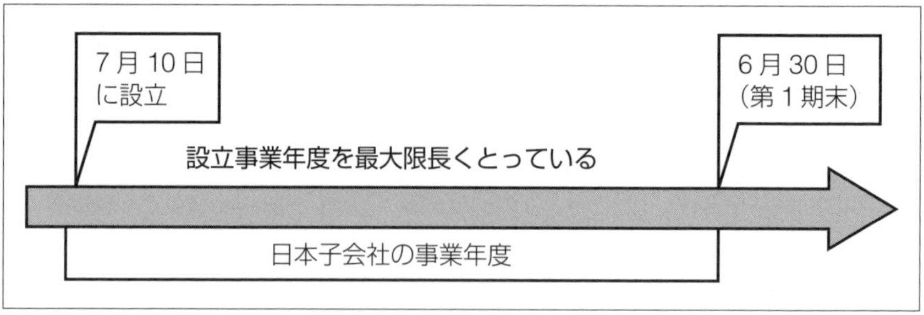

本国で非上場企業の場合は，必ずしも12月決算を求めていないため，決算月は様々となります。このような「外資企業だけど12月決算ではない」

という法人は，零細会計事務所にとっては貴重でありがたい存在です。こういった法人は，あえて12月決算へ誘導する必要は全くないため，現在の決算月のままにし，少しでも業務の分散を図ります。

⑵　月次財務資料早期化を図っている企業

次に，本国ではバリバリの上場企業であり，毎月連結財務資料を作成しているという外資企業の場合の対策です。こういった企業は，本国の財務担当者から細かい質問を浴びせられるなど，対応に手間がかかる場合が多いのですが，一方で，月次財務資料の精度が高く，翌月初早々に作成できているという長所があります。この場合，日本の法人税申告期限は期末から２か月後ですが，やろうと思えばかなり早期に決算書を仕上げて，法人税申告書を作成してしまうことも可能です。

図表10-3　親会社が上場企業の場合

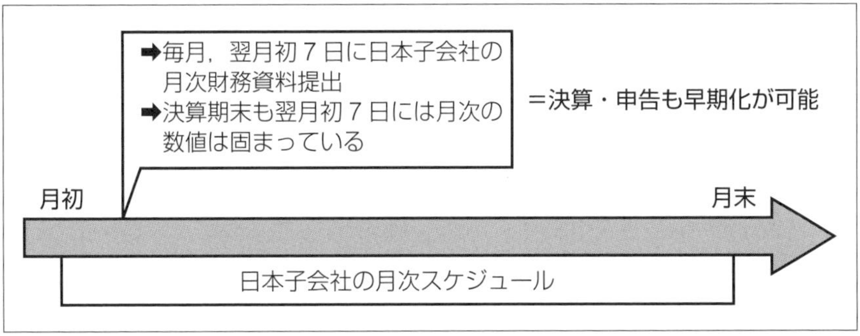

この種の企業は，決算と申告の早期化に関して異存はありません。顧客からもそれなりに喜ばれ，一石二鳥というわけです。また，「月次財務資料の提出期限が早い」，「細かいところまでチェックされる」といった会計事務所にとってはハードルが高い面を逆手にとり，早期の決算・申告に向けて打ち合わせを行い，期末から１月以内程度にこの種の大物の申告が完了できれば，かなり楽になります。

図表10-4 決算早期化のイメージ

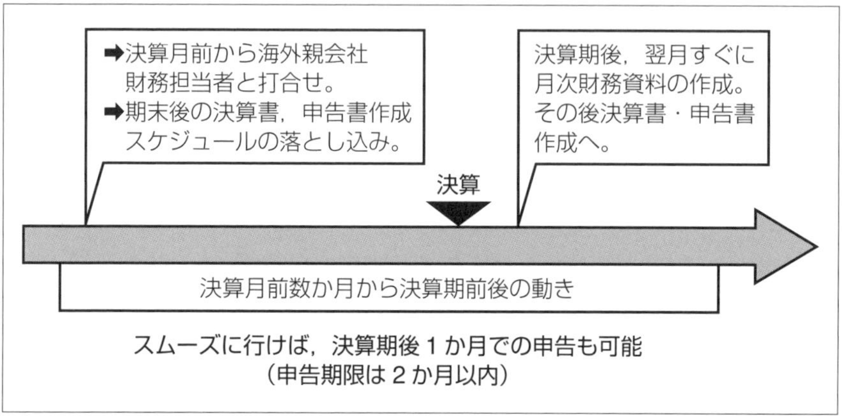

2 内部面の対策

次は，会計事務所の内部面で対応可能な対策を考えてみます。

(1) 他業務も含めた前倒し（年末調整・源泉所得税集計・法定調書）

12月決算申告の前後には，それ以外にも年末調整，源泉所得税納期特例の申請，法定調書，確定申告業務など重要業務が目白押しです。ゆえに，それらも含めて10月あたりから前倒しで進めていくのが望ましいでしょう。これは，社内スタッフに今後の流れと，ある程度の覚悟？　を持ってもらう上でも有効です（とはいっても，繁忙期に大残業をさせるわけではありません。むしろいかに12月の決算集中期に定時で退勤させられるかという観点で，本テーマを述べています）。

(2) 繁忙期対策でのアシスタントスタッフ

また，零細会計（の一時的な増員）事務所にとって，これらの時期が年に一度の最繁忙期であるということであれば，短期的なアシスタントスタッフを雇用するのも一案です。

(3)　税理士の配置と確定申告

また，(1)のとおり，重要業務が目白押しの中，税理士級の人材をどう配置するかは，重要となってきます。業務的にも，年に1回しかやらない業務，大型の外資系で専門知識が必要とされる業務に税理士級の人材を担当させたくなりますが，一方で業務を切り分ければ，一般スタッフや，②のアシスタントレベルでも対応可能な業務もあるはずです。この繁忙期に貴重な税理士戦力をどこに配置するかも，零細会計事務所にとっては非常に重要なポイントです。

配置として厄介なのは，「年1回しかやらない業務」，「横断的な知識が必要になる業務」がこの時期は多いため，どうしても税理士に頼りたくなるという点です。一方で，決算も重要であるため，零細会計事務所にとって数少ない税理士の時間は貴重であり，できる限り一般スタッフレベルでできる仕事は，一般スタッフにやってもらいたいという面があります。

図表10-5　零細会計事務所担当者イメージ図

担当者	業務
税理士	指示，管理，チェック業務，難易度の高い申告，顧客連絡指示，会議
一般スタッフ （入力，簡単な申告書が作成可能）	入力，申告書作成
通訳兼スタッフ	海外顧客との連絡，入力
臨時アシスタント	一般スタッフの業務のうち，できるものを担当

3　12月決算であることのメリット

12月決算であることについては，数は少ないですがメリットはあります。

1 個人と合わせやすい

国内法人も同様ですが，個人と決算月が同様なので，個人間との損益，残高が合わせやすいという点があります。ただし，外資系は日本の同族会社のような，個人が法人の株主で，個人，法人間で関係会社取引があるというようなパターンは少ないため，それほど大きなメリットという感じはしません。

2 非居住者に対する源泉徴収などが行われている場合に相手側の調書の締め日と合う

外国法人の場合，確かに12月決算だといいなと思う点です。外国法人で，非居住者から不動産賃貸料の支払などがある場合，毎月の家賃から所得税が源泉徴収されています。この場合，支払者は非居住者の源泉所得税に関する調書を，1月～12月の期間で作成することになるため，外国法人側の収入，仮払源泉徴収所得税額と合わせやすく，場合によっては高額な金額が還付となる源泉徴収所得税と合わせやすくなるというメリットはあります。

図表10-6 イメージ図

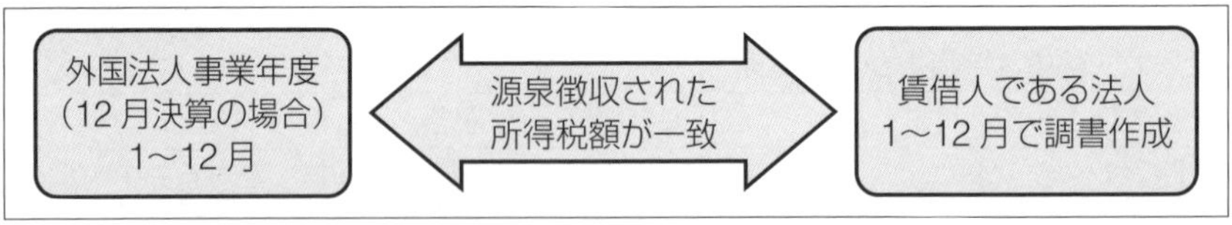

4 対策を勘案したスケジュール例

上記を考慮すると，以下のようなスケジュール感で実施できれば，零細会計事務所であっても，大量の12月決算も何とかさばけるのではないでしょうか。

図表10-7　対策後スケジュール

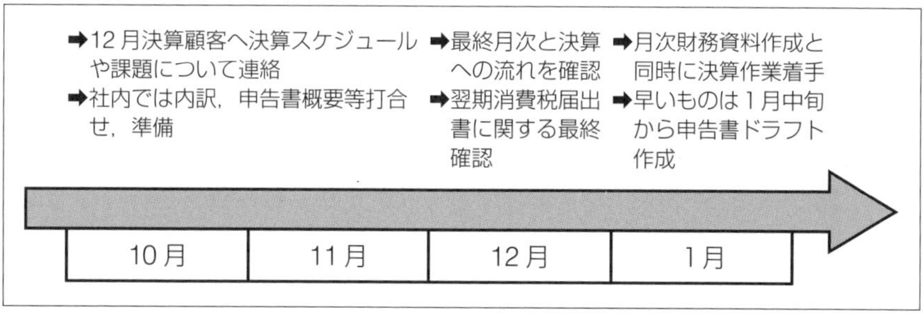

5　事　　例

それでは事例を見ていきます。

【基本状況】

① 都内A会計事務所の12月決算法人数　15社

② 同上の確定申告顧客数　20名

③ A会計事務所スタッフ内訳

(1) 所長税理士

(2) 税理士補助の正社員（アシスタント，税理士試験の受験経験なし）

(3) 通訳兼アシスタント（外国籍社員，日本語対応も可能）

(4) パート2名（うち1名は税理士）

上記のような零細会計事務所があり，普段は決算数がひと月あたり5社以下程度ですが，繁忙期に大量の12月決算法人を処理する必要があり，計画的に前倒しで秋口ごろから準備を行うこととしました。

1　顧客への事前打ち合わせと内部準備

顧客，特に関与初年度の顧客には事前に決算の流れ，月次との関連性，スケジュールなどについて説明を行いました。連結財務資料を作成しており，普段は納期が厳しい外資系は，申告書を早期に作成することについては，異存は全くありませんでした。

また，内部的には，通常の法人より早めにわかるところから内訳書作成，申告書の現数値での作成に取りかかり，12月分の月次財務資料作成後に直ちに決算書・申告書作成に取りかかれるようスケジュール調整を行いました。

2　年末調整・法定調書等他業務の前倒し

また，同時期に実施しなければならない年末調整，法定調書等の業務も可能な限り前倒しで業務を行いました。

3　1月中に12月決算申告を相当数終了

上記の結果，A会計事務所にとっては，繁忙期が秋口から始まったような感覚で次々こなさなければならない業務が出てくることとなりましたが，一方で，かなりの前倒しをしていたため，繁忙期も大幅な残業はせずになんとか業務をこなしていくことができました。また，最大の山場である大量の12月決算については，計画どおり，1月中にかなりの法人の申告を完了させることができ，2月には無事全法人の決算，法人税申告を完了することができました。

6　12月決算への集中は不可避

12月決算の集中は，零細会計事務所には負担が大きいものですが，本国の決算月とも関係している以上，外資系企業対応をやる会計事務所にとっては避けられない面があります。また，基本的に月次財務資料作成の早い企業も多いため，その特性も生かしつつ，時間をかけて前倒しで準備をしていく等の対応が，地味ですが最も有効な対応方法なのではないでしょうか。

第11章 非居住者の申告

2020年の確定申告の申告期限は新型コロナウイルスの影響で，異例の1か月延長となりました。個人的には国税庁の大英断であると評価していますが，個人の確定申告については，外資企業，外国人がらみでも当然関連する確定申告業務があります。その中では特徴的な論点もあるため，本章では外資企業，外国人がらみの確定申告について解説します。

1　外資企業・外国人の確定申告は

1　外資がらみの確定申告は？

外資企業，外国人がらみの確定申告はどういったものがあるでしょうか。外資企業は，法人税法上は出資者が外国企業等であるだけの内国法人であるため，特殊なことがなければ社員個人の確定申告は必要ありません。外国人社員がいたとしても，通常は年末調整のみで完結し，後述のとおり高額な所得があるか，税額の差額が出る場合のみ確定申告が必要となるという，通常の日本企業の社員と同様の取扱いになります。

2　非居住者（外国居住）の国内源泉所得の確定申告

特徴的なのは，外国居住の非居住者の確定申告です。彼らは外国に居住しており，日本で所得がなければ日本の確定申告の義務は当然ないのですが，日本の国内源泉所得がある場合のみ確定申告をする必要があります。これは，通常の日本の居住者の確定申告とは異なる点がいくつかあります。

図表11-1 外資企業, 外国人の確定申告は？

対象者	条件
外資企業の外国人社員	日本人同様，要件に該当したときのみ確定申告
非居住者である外国人	国内源泉所得があるときのみ確定申告

それでは，より具体的な内容を見ていきます。

2 日本居住の外国人の確定申告は？

1 原則は日本人と同じ

上記のとおり，外国籍であっても日本の居住者であれば，日本人の確定申告と基本的には同様です。住民票があればマイナンバーもあります。ただし，国外源泉所得も申告が必要である点は留意が必要です。国外源泉所得の申告の必要性については，日本人，外国人とも認識が薄い方も少なくないので，注意が必要です。

特に，日本居住の外国人の場合，国外所得がある可能性が大いにありますので，そこの確認と注意喚起は必須です。日本の税理士としては把握しにくい部分がありますので，下記のような国外源泉所得に関する確認書などで確認しておくのがよいのではないでしょうか。

【確認書サンプル】

確定申告に関する確認書

1．所得（国内所得，国外所得全て）に関する確認

提出をいただいた資料のほかには，個人の所得（国内所得，国外所得全て）はありませんか？

はい・いいえ

（はいの場合，所得に加算する必要がありますので，資料提出をお願いします）

2．日本国外に5千万円以上の財産はありますか？

はい・いいえ

（はいの場合，国外財産調書を提出する必要がありますので，関連資料の提出をお願いします[1]）

3．上記が「はい」の場合，提出いただいた資料以外には，国外財産はありませんか？

はい・いいえ

（いいえの場合，国外財産調書に記載する必要がありますので，資料提出をお願いします）

日付
年　　月　　日

サイン

____

1 「No.7456　国外財産調書の提出義務」国税庁（https://www.nta.go.jp/taxes/shiraberu/taxanswer/hotei/7456.htm）

2　高額所得者の確定申告（高級人材の給与は高額）

外資企業の顧問をしている場合に，その社員の確定申告までフォローするケースはそれほど多くはありません。実務的に多いケースは，給与の年間金額が2,000万円を超える高給の社員がいる場合でしょう。外資企業の高級職は一般的な日本企業に比べ，かなり高額なケースも多く，他に所得がなくとも年末調整ができず，確定申告が必要になる場合があります。

3　国外財産調書

国外財産調書も，要件に該当すれば必要となります。これは，国外の財産が5,000万円以上ある居住者が対象となるというものです。新しくできた制度であるため，実務的には提出者は必ずしも多くないようですが気を付けたいところです。

COLUMN 21　顧客給与でわかる外資企業との所得格差

1．実力主義

よく言われることですが，日本に進出してくる外資企業は，皆さん社歴が浅い，即席採用の日本人，外国人混成部隊で編成されることが多いようです。

2．昇給も躊躇なく

顧問をしていて驚かされるのは，昇給の頻度と度合いです。2年目くらいになると，昇給するケースも多く，昇給額も日本の一般的な企業からすると，かなりの大盤振る舞いです。この辺りに勢いの差を感じます。

3．ストックオプション

また，ストックオプションが付与される場合もあります。また，外国親会社のストックオプションが付与されるケースも多いです。なお，外国親会社からストックオプションが付与された場合，各自で確定申告が必要となり，日本子会社は調書の提出が必要となります。

4．独特の苦労も

一方で，当然ながら苦労もあります。日本企業では当然あるような福利厚生はもちろんのこと，各種の労務的制度も，当初はかなり不十分なケースも少なくありません。実際，お客様の実務を見ておりますと，最初に全てを求めてもなかなか対応が難しいケースもありますので，徐々に話をしながら，日本子会社の規模も拡大させ，会社の成長とともに，待遇も勝ち取っていかれる日本人社員の方もおり，見ていて「なるほどなあ」と感心させられるケースもあります。顧問税理士としては，お客様の規模が拡大し，また，社員の方の給与，待遇も向上していくのを見るのはうれしいものです。

COLUMN 22　外国親会社の日本子会社社員へのストックオプション付与の取扱い

1．ストックオプションとは？

ストック・オプションとは，会社が自社又は子会社の従業員，役員等に対して付与する自社株式を一定の期間内にあらかじめ定められた権利行使価格で購入することができる権利をいいますが，このストック・オプションについては，ストック･オプション税制の適用を受けて取得するもの（税制適格ストック・オプション）とその適用を受けないで取得するもの（税制非適格ストック・オプション）があります[2,3]。

税制適格ストックオプションと非適格ストックオプションの相違は以下のとおりです。

2　「No.1540ストック・オプション税制の適用を受けて取得した株式を譲渡した場合」国税庁（https://www.nta.go.jp/taxes/shiraberu/taxanswer/shotoku/1540.htm）

3　「No.1543税制非適格ストック・オプションに係る課税関係について」国税庁（https://www.nta.go.jp/taxes/shiraberu/taxanswer/shotoku/1543.htm）

2．税制適格ストックオプション

所得税課税は，権利を行使して株式を取得した際には課税はされず，その後，当該株式を売却した際に売却価額と払込価額との差額について譲渡所得課税が行われます。

3．税制非適格ストックオプション

それに対し，税制非適格ストックオプションは，権利を行使し，株式を取得した際に給与所得課税が行われ，売却した際には譲渡所得課税が行われることとなります。

4．課税時期の相違

ストックオプションは，その取得から売却までの段階に区別すると，そのストックオプションを取得した時，その権利を行使したとき，その株式を譲渡したときに分けられます。

税制非適格ストックオプションの場合，権利行使と売却の段階において，その経済的利益について，権利行使時は給与所得，売却時は譲渡所得として課税されますが，税制適格ストックオプションの場合は，売却時に一括で譲渡所得として課税されます。

種類	区分	権利行使時	売却時
税制適格	所得区分	－	株式の譲渡所得
	所得金額	－	売却価額－払込価額
税制非適格	所得区分	給与所得	株式の譲渡所得
	所得金額	権利行使時の時価－権利行使価額（払込金額）	売却価額－権利行使時の時価

5．外国親会社が日本子会社社員へ付与した場合

なお，外資企業では外国親会社のストックオプションを日本法人社員に付与する場合があります。

どういうことかというと，下記の図のとおり，直接雇用されている日本子会社からではなく，外国親会社からストックオプションが付与されるわ

けです。

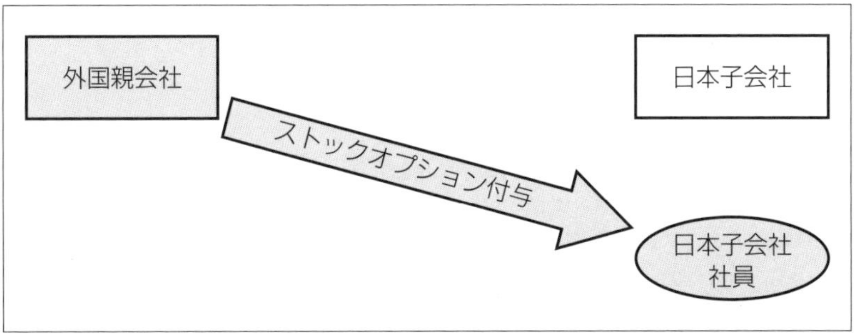

この場合，給与の支給者（日本子会社）とストックオプション付与者（外国親会社）が対応しなくなるため，給与課税はどうなるのかという疑問が生じます。これに関しては，

① 外国親会社が給与支給をしていることになり，日本に恒久的施設がない場合は源泉徴収義務はなく

② 日本子会社も給与所得を支払っていないため，源泉徴収義務はないことになります。

ただし，外国の親会社が日本の株式を直接又は間接的に50%」以上保有している場合は，日本子会社が「外国親会社等が国内の役員等に供与した経済的利益に関する調書合計表」及び「外国親会社等が国内の役員等に供与した経済的利益に関する調書」を税務署に提出しなければなりません[4]。

3　非居住者（国外居住者）

1　確定申告が必要になるケースは？

外資企業とは関係なく，国外に居住している外国人の日本の所得税確定申

4 「[手続名]外国親会社等が国内の役員等に供与等をした経済的利益に関する調書」国税庁（https://www.nta.go.jp/taxes/tetsuzuki/shinsei/annai/hotei/1255.htm）

告の依頼を受けるケースもありますが，どういった場合でしょうか。

多いケースは外国人が日本に投資用の賃貸不動産等を所有しており，その国内源泉所得について確定申告が必要というものです（図11‐3）。

2 破壊的威力を持つ非居住者への源泉徴収制度

非居住者の確定申告を考える上で，非常に重要なのが「非居住者の所得への源泉徴収制度」です。これが，確定申告をやってみるとよくわかりますが，非常に優れたシステムです。非居住者への源泉徴収は下図のとおりです。

これが，圧倒的な破壊力（？）を持つ制度です。なにせ，家賃にせよ譲渡対価にせよ，利益ではなく，対価の20.42%，10.21%を源泉徴収してしまうわけです。不動産所得の場合，「そもそも利益がそんなにあるのか？」というパーセンテージで源泉徴収されてしまうので，非居住者の資金繰りはかな

図表11‐2 非居住者の源泉徴収

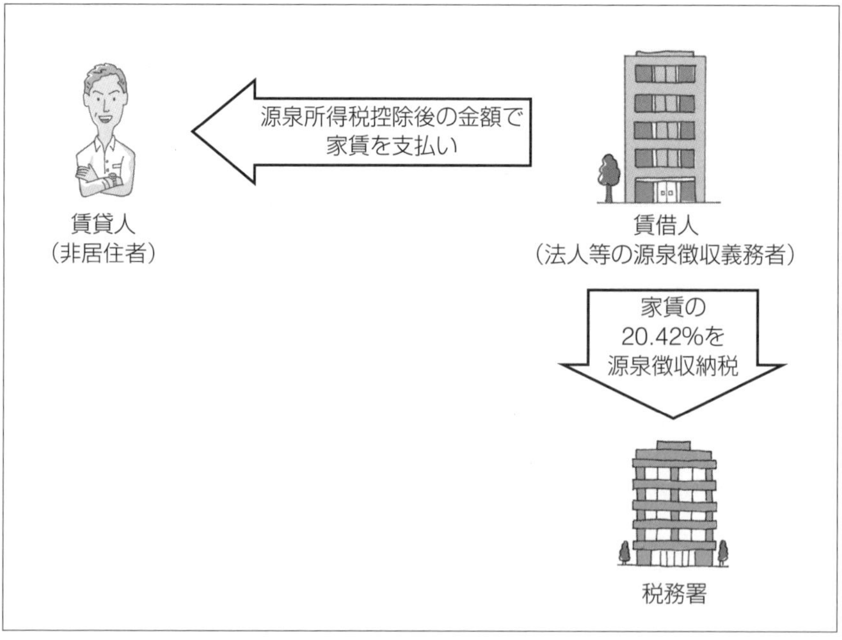

図表11-3　非居住者の源泉徴収関係図

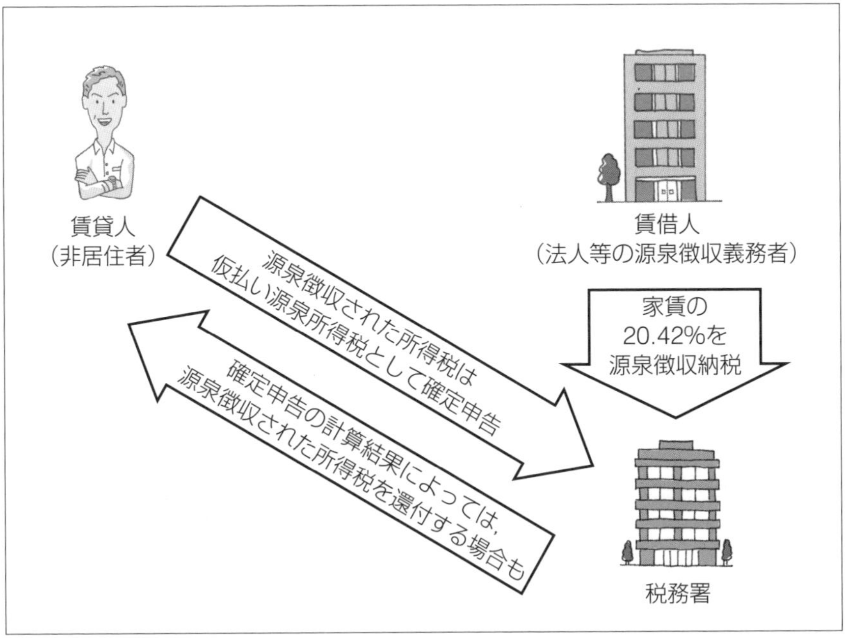

り圧迫されます。しかし,源泉徴収義務は支払義務者に課せられているので,支払者が既に控除をしてくるためどうしようもありません。その一方，正しく申告すれば，源泉徴収されていた所得税は，まさしく「所得税の前払い」として控除されることとなり，確定申告をすれば還付になるケースも非常に多くなっています。

ゆえに，非居住者の確定申告を行う場合，源泉徴収は非常に重要となります。なお，本来は支払者が源泉徴収すべきなのに，源泉徴収がされていない場合もたまに見かけますが，これは当然税法違反となります。

この辺り,意外に外国企業も支払者も御存知ない場合も多いので,フォローしてあげるとよいのではないでしょうか。なお，非居住者への支払等を行った場合，以下の調書の提出が必要になり，税務署へ情報が提供されることになります[5]。

COLUMN 23　大家さんが非居住者の場合の源泉徴収

1．大家さんが非居住者の場合の税務は特殊

最近，日本への不動産投資熱の高まりに伴い，日本の不動産の所有者が外国に住んでいる，つまり大家さんが非居住者というケースも珍しくなくなっています。この場合，税務については大家さんが居住者の場合に比べ，取扱いが特殊になっています。

2．賃料の20.42%を源泉徴収（確定申告で還付）

まず，家賃の支払についてですが，これは非居住者がオーナーの場合，家賃の20.42%の所得税を源泉徴収しなければならないこととされています。オーナーにとっては，経費を引いた後の利益ではなく，収入の20.42%が源泉徴収されてしまいますので，結構な額となり，非居住者オーナーが日本で確定申告をした後に還付される場合が多くなっています。日本の税務署の立場からすると，非居住者からの税金のとりっぱぐれを防ぎ，自主申告を促進する優れたシステムといえるのではないでしょうか。

3．譲渡も源泉徴収（源泉徴収しなくてよい場合は限定列挙）

また，譲渡の場合も譲渡対価の10.21%の源泉徴収が必要です。こちらも収入の10.21%ですので結構な額です。なお，2も3も支払者が個人で自己居住用の不動産の場合等（譲渡は対価1億円以下）のみ，源泉徴収不要となっていますが，条文は限定列挙的な書き方ですので注意が必要です。例えば，支払者が個人でも投資用として購入した場合は，源泉徴収が必要となります。

4．納税管理人の選定と租税条約の確認

そのほか，非居住者に所得がある場合，非居住者に代わり日本で税務署

5 「No.7401　法定調書の種類」国税庁（https://www.nta.go.jp/taxes/shiraberu/taxanswer/hotei/7401.htm）

とのやりとりを行ってくれる納税管理人を選定する必要があります（国税通則法117条）。

また，2．3は日本の所得税法の取扱いですので，非居住者オーナーの居住国が日本との租税条約締結国の場合，そちらが優先されますので確認が必要です。

3　納税管理人

納税者に国内に住所がない場合は納税管理人を選任することになります。なお，実務的に面倒なのは，国税，地方税（固定資産税等）とそれぞれ納税管理人を選任しなければならない点です。実務的には不動産管理会社が納税管理人をやってくれているケースが多く，資料なども不動産管理会社からもらう場合も多いため，会計事務所と不動産管理会社等の間をなるべく良好な協力関係でやることが，スムーズな業務につながります。

図表11-4　納税管理人と不動産管理会社，会計事務所

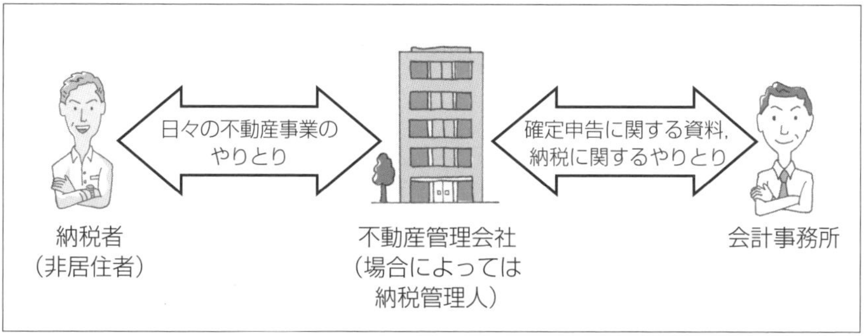

【納税管理人義務規定（国税通則法117条）】

（納税管理人）

第117条　個人である納税者がこの法律の施行地に住所及び居所（事務所及び事業所を除く。）を有せず，若しくは有しないこととなる場合又はこの法律の施行地に本店若しくは主たる事務所を有しない法人である納税者がこの法律の施行地にその事務所及び事業所を有せず，若しくは有しないこととなる場合において，納税申告書の提出その他国税に関する事項を処理する必要があるときは，その者は，当該事項を処理させるため，この法律の施行地に住所又は居所を有する者で当該事項の処理につき便宜を有するもののうちから納税管理人を定めなければならない。

2　納税者は，前項の規定により納税管理人を定めたときは，当該納税管理人に係る国税の納税地を所轄する税務署長（保税地域からの引取りに係る消費税等又は国際観光旅客税（国際観光旅客税法第十六条第一項（国内事業者による特別徴収等）の規定により徴収して納付すべきものを除く。）に関する事項のみを処理させるため，納税管理人を定めたときは，これらの国税の納税地を所轄する税関長）にその旨を届け出なければならない。その納税管理人を解任したときも，同様とする。

納税管理人については，以上のとおり定められており，非居住者が申告等する必要がある場合は納税管理人を定めなければならないこととさています[6, 7, 8]。

6　「［手続名］納税管理人の届出」国税庁（https://www.nta.go.jp/taxes/tetsuzuki/shinsei/annai/hojin/annai/1554_9.htm）

7　「No.1923　海外転勤と納税管理人の選任」国税庁（https://www.nta.go.jp/taxes/shiraberu/taxanswer/shotoku/1923.htm）

8　「［手続名］所得税・消費税の納税管理人の届出手続」国税庁（https://www.nta.go.jp/taxes/tetsuzuki/shinsei/annai/shinkoku/annai/07.htm）

4 住民税は要件に該当しない限り不課税

なお，住民税は所得分類に応じて，「恒久的施設を所有」などの要件に該当しない限りは不課税となります。

逆にあくまで上記に該当しない場合にのみ住民税は不課税です。なお，業務開始当初そうだったからといって，途中でうっかりPEに該当するようなことをして，住民税の納税もれとならないよう注意する必要があります。業務がルーティン化してくると一般担当者には難しい論点で，「意味はわからないけど，前からそうなっているからそう処理している」といった形にもなりかねません。

この辺りは，事務所で一覧表にして管理しておくとよいのではないでしょうか。

上記の非居住者の確定申告の特徴をまとめると下図のとおりです。

図表11-5 非居住者の確定申告の特徴

項目
①　国内源泉所得のみ申告
②　納税管理人が必要
③　非居住者特有の所得税源泉徴収制度あり
④　上記の結果，確定申告すると還付になるケースが多い。

4 事例（非居住者の源泉徴収始末記）

それでは，事例を見てみます。２つとも非居住者の確定申告ですが，１つは家賃から源泉徴収されていたケース，１つはされていなかったケースを紹介します。

1 事例A　源泉徴収されていたケース

まずは，正しく源泉徴収されていたケースです。

【事例Aデータ】

①　概要
非居住者が日本に所有する賃貸用不動産（居住用）の確定申告
②　不動産収入（居住用社宅で法人への賃貸）
2,000万円
③　非居住者の源泉徴収税額
②の20.42％
④　経費
固定資産税，不動産管理費，減価償却費等
⑤　納税管理人は国税，地方税ともに不動産管理会社

(1)　しっかりした不動産管理会社と賃借人

上記状況で不動産管理会社が納税管理人も務めており，非居住者の申告にも慣れていたため，確定申告用の資料の提供などもスムーズにいきました。特に，非居住者の源泉徴収は源泉徴収義務者である賃借人法人もきっちりしていたところであったため，非居住者の源泉徴収に関する支払調書の提供も受けることができ，所得税の源泉徴収額について，非居住者側の申告額と突合することができました。結果，早々に確定申告書のドラフトが完成させることができ，還付額もかなり出ることになりました。

(2)　喜びの還付申告，税理士へ感謝

上記確定申告書ドラフトを非居住者のクライアントに確認のため提示したところ，還付が出ることに満足の様子で，感謝の意を伝えられ，早々に還付申告を完了することができました。なお，こういった還付申告については，

全般的に感謝される場合が多いのですが，税理士の立場としては上記の源泉徴収のシステムを鑑みると当たり前のことなので，納税の出る確定申告に比べると若干不思議かつ複雑な気はしますが，納税者の受け止め方としては自然な反応なのでしょう。

(3)　税務署から問い合わせがあったケース

また，筆者の経験では，こういった還付で，源泉徴収義務者から源泉徴収がされておらず，税務署から問い合わせがあったケースがありました。源泉徴収をされた側には関係ないのではとも思いましたが，その際は不動産管理会社経由で源泉徴収義務者に連絡を取ることが可能であったため，納税してもらい，無事還付を受けることができました。やはり，源泉徴収税額はこの種の確定申告のキモの部分であるため，しっかりと確認したいところです。

2　事例B　源泉徴収されていなかったケース

次に，非居住者への源泉徴収がされていなかったケースです。

【事例Bデータ】

①　概要

非居住者が日本に所有する賃貸用不動産（テナント用）の確定申告

②　不動産収入（テナント用で法人への賃貸）

800万円

③　非居住者の源泉徴収税額

賃借人である法人が非居住者への源泉徴収義務を認識していなかったため，源泉徴収がされていない。

④　経費

固定資産税，不動産管理費，減価償却費等

⑤　納税管理人は，地方税のみ不動産管理会社，国税は未設定

(1) 非居住者に対する源泉徴収義務を未認識

この事例では，不動産管理会社，納税者である非居住者，また源泉徴収義務者である賃借人とも非居住者の源泉徴収義務を認識していませんでした。ゆえに，日本人の賃貸人と同様に，家賃が満額非居住者へ支払われていました。そのため，確定申告書ドラフトを作成すると納税額が発生することが明らかになりました。

(2) 納税と源泉徴収の必要性の説明

上記確定申告書ドラフトを非居住者へ説明し，当然事例Aのような還付申告でないため大喜びとはならないものの（税理士としては，今後の改善の説明を含め逆に手間がかかるくらいなのですが），納税の必要性を認識してもらい，申告，納税をすることとなりました。また，本来は毎月の家賃から源泉徴収の必要性がある旨を非居住者，不動産管理会社に説明し，改善に向けて動いてもらうこととなりました。ただ，反応としては「家賃の総額に20.42％かけるの？　高くない？」というものが最初はあります。そこで「そもそも，そういうコンセプトでの制度です」と説明し，やってもらうのですが，やはり「最初にルールどおりのレールにのせる」ということの重要性を痛感させられる事例でした。

また，支払側に悪気がなく，単にルールを知らないというケースも多くあります。この場合，指導をすればやってくれるケースも多いため，まずは正論を教えてあげることが重要です。非居住者の申告をするということは，この辺りの業務もセットになるとあらかじめ考えておくくらいがよいのではないでしょうか。

5　税法どおりのレールにのせる三方良しの方向に

1　ルール・原則の説明とお願い

今回のケースをまとめると，税務のルールは非常によくできているため，やはり原則，王道どおりのやり方で進めていくのが最もやりやすく，いかにその「税法どおりのやり方にのせられるか」という点が重要です。納税者や不動産会社にとっては，居住者の場合とは大きく異なるルールであるため，未経験の方に説明，オペレーションをやっていただくにはそれなりの労力を要するでしょう。しかし，そこが後々効いてくるため，是非とも会計事務所が手間暇をかけても説明し，納得の上でやっていただく必要があります。

2　非居住者の源泉徴収制度の活用

また，非居住者への源泉徴収制度はイレギュラーで税理士も不慣れな反面，非常によくできた制度です。是非とも，税理士としてもこの制度を十二分に活用し，適正な納税オペレーションを実現させていきたいところです。

3　税理士の税務行政への協力

上記は当然ながら日本の税務行政への協力にもつながります。まだまだ対応が十分でなく，多くのビジネスチャンスがある外資企業，外国人に対する税務業務ですが，我々のような草の根の零細税理士が微力ながらも適正な税務申告を指導していくことが，外資企業，外国人の日本での健全な発展につながり，また日本の税務行政への大きな協力にもなっていくのではと考えます。

COLUMN 24　地方税などは当局が不慣れな場合も？

1．外国人の納税義務者の増加

コロナ禍以前は，日本における外国人数は増加傾向にあり，外国人，外国企業の税務申告も身近なものになっています[9]。

9 「在留外国人統計（旧登録外国人統計）統計表」出入国在留管理庁(https://www.

2．各国言語による案内

そうした状況に対応すべく，税務署や，地方税当局も努力はしているようで，非常な努力の跡がうかがえます。例えば東京都都税などでは封筒に各種言語の案内があります。一方でどうしても地方税の担当者は「事務的に不慣れなんだろうな」と感じられるようなケースもありました。

3．国税庁は英語や外国語ページも充実（外資企業・外国法人関係）

国税庁はそもそも英語でのかなり詳細な解説ページを解説しています。以下は完全に英語のものがあります。

① 移転価格

「多国籍企業情報の報告」国税庁(https://www.nta.go.jp/taxes/shiraberu/kokusai/takokuseki/index.htm)

※英語版（https://www.nta.go.jp/publication/pamph/pdf/h28iten-kakaku_en.pdf)

② 消費税

消費税についても電気通信利用役務の提供については英語での案内ページがあります。

「Cross-border supplies of electronic services」国税庁（https://www.nta.go.jp/english/taxes/consumption_tax/04.htm)

③ 年末調整（国外扶養親族）

年末調整については，下記のページがあります。

「非居住者である親族について扶養控除等の適用を受ける方へ」国税庁（https://www.nta.go.jp/publication/pamph/gensen/gaikokugo/02.htm)

これについては見事で，英語，中国語，ポルトガル語，スペイン語，ベトナム語での仮訳があります。

moj.go.jp/isa/policies/statistics/toukei_ichiran_touroku.html)

上記の公的ページでの外国語での案内は規模の大きい外資企業にはわかってもらいやすい情報のようですので，積極的に活用したいところです。

第12章 非居住者の源泉徴収
―翻訳料の源泉徴収を例に―

外資・外国人には，前章でも解説のとおり非居住者がらみの源泉徴収の論点が多くあります。普段目にしない項目であるため，抜けがちですが，見逃すと納税もれとなってしまうため，気の抜けない論点です。最近の傾向として，税務調査等で非居住者の源泉所得税徴収の必要性について指摘を受けたり，源泉徴収がらみのお尋ねがきたりといった事例が増えているようです。課税当局にとっても重点調査項目に挙がっていると思われるため，的確な対応が必要です。

非居住者の源泉徴収関係については，前章の不動産関係以外にも租税条約等特殊な論点が多いため，難しく考えがちですが，冷静に課税関係を整理していけば対応が可能です。具体的事例として，外資企業によくある「法人が翻訳料を支払った場合」を例にとって解説します。

1　非居住者への支払と源泉徴収

1　源泉徴収が必要な場合

非居住者又は外国法人（以下「非居住等」という）に対して，国内において源泉徴収の対象となる国内源泉所得の支払をする者は，その支払の際，所得税及び復興特別所得税を源泉徴収し，納付する義務があるとされています。この場合，国外源泉所得であれば，源泉徴収は不要となりますが，この判断が難しく，また租税条約により判断基準が国内法と異なる場合もあるため注意が必要です。

2 納付時期

納付時期については，支払った月の翌月10日までに納税しなければなりません（ただし，国内源泉所得の支払が国外において行われる場合で，その支払者が国内に住所若しくは居所を有する等の理由で，国内において支払われたものとみなして源泉徴収をする場合の所得税及び復興特別所得税の納付期限は，事務手続等を考慮して，翌月10日ではなく，翌月末日となっています)。非居住者への国内源泉所得の支払については，半年に一度の源泉所得税の納期特例の適用はないため注意が必要です。

なお，間違いがちなのは，非居住者に対する給与の支払の源泉徴収については，半年に一度の納期特例の適用があるという点です。通常の所得税の納付書とは異なり，納期特例用の納付書もないため，「非居住者給与の源泉徴収所得税の納付については，納期特例の適用はない」と勘違いしている方もいるようですが，こちらは可能です。

図表12-1 非居住者の源泉徴収と納付時期

区分	納付時期，納期特例
非居住者への支払の源泉徴収（給与以外）	源泉徴収の翌月10日まで
非居住者への支払の源泉徴収で国外において支払うもの	源泉徴収の翌月末日まで
非居住者への給与の支払の源泉徴収	原則：源泉徴収の翌月10日まで 特例：納期特例の適用がある場合，半年に一度

2 判定順序

次に，非居住者への支払を検討する場合の判定の順序について解説します。検討論点が多く混乱しがちであるため，論点ごとに順序立てて当てはめていくことが重要です。

1　租税条約締結国かの確認

まず，非居住者の所在国と日本で租税条約が締結されているかを確認します。国内税法より条約優先であるため，以降のステップの確認も租税条約に従う必要があります。ただし，いきなり租税条約を読んでも取扱いがわかりにくい場合が多いので，書籍等の情報が豊富にある国内法での取扱いをまず把握し，その後，租税条約に当てはめるという方法もわかりやすいかと考えています（ただ，本来は租税条約優先であるのに，国内法の情報が圧倒的に多いため，考えがそちらに引っ張られがちな面はあります。あくまで，租税条約が優先であることを意識しながら確認したいところです）。

2　租税条約上どの所得に該当するかの判定

租税条約の有無が確認できれば，当該租税条約に基づき，当該源泉所得が，所得税法，租税条約の「事業所得，使用料所得，配当所得」等の分類のうち，どの所得に該当するかを判定します。下記3の国内か国外かの判定も，所得の種類により異なため，まずどの所得に該当するかを確定させる必要があります。これも租税条約ごとに内容は異なるため，必ず租税条約に基づき確認します。

なお，日本の所得税法上は以下の分類及び税率となっています。

図表12-2　非居住者に対する課税関係の概要

<table>
<tr><th rowspan="3">非居住者の区分
所得の種類</th><th colspan="4">非居住者</th><th>（参考）
外国法人</th></tr>
<tr><th colspan="2">恒久的施設を有する者</th><th rowspan="2">恒久的施設を有しない者</th><th colspan="2" rowspan="2">所得税の源泉徴収</th></tr>
<tr><th>恒久的施設帰属所得</th><th>その他の所得</th></tr>
<tr><td>（事業所得）</td><td rowspan="3">【総合課税】</td><td colspan="2">【課税対象外】</td><td>無</td><td>無</td></tr>
<tr><td>①資産の運用・保有により生ずる所得（⑦から⑮に該当するものを除く。）</td><td colspan="2" rowspan="2">【総合課税（一部）】</td><td>無</td><td>無</td></tr>
<tr><td>②資産の譲渡により生ずる所得</td><td>無</td><td>無</td></tr>
<tr><td>③組合契約事業利益の配分</td><td rowspan="13">【源泉徴収の上，総合課税】</td><td colspan="2">【課税対象外】</td><td>20%</td><td>20%</td></tr>
<tr><td>④土地等の譲渡による所得</td><td colspan="2" rowspan="3">【源泉徴収の上，総合課税】</td><td>10%</td><td>10%</td></tr>
<tr><td>⑤人的役務提供事業の所得</td><td>20%</td><td>20%</td></tr>
<tr><td>⑥不動産の賃貸料等</td><td>20%</td><td>20%</td></tr>
<tr><td>⑦利子等</td><td colspan="2" rowspan="9">【源泉分離課税】</td><td>15%</td><td>15%</td></tr>
<tr><td>⑧配当等</td><td>20%</td><td>20%</td></tr>
<tr><td>⑨貸付金利子</td><td>20%</td><td>20%</td></tr>
<tr><td>⑩使用料等</td><td>20%</td><td>20%</td></tr>
<tr><td>⑪給与その他人的役務の提供に対する報酬，公的年金等，退職手当等</td><td>20%</td><td>－</td></tr>
<tr><td>⑫事業の広告宣伝のための賞金</td><td>20%</td><td>20%</td></tr>
<tr><td>⑬生命保険契約に基づく年金等</td><td>20%</td><td>20%</td></tr>
<tr><td>⑭定期積金の給付補塡金等</td><td>15%</td><td>15%</td></tr>
<tr><td>⑮匿名組合契約等に基づく利益の分配</td><td>20%</td><td>20%</td></tr>
<tr><td>⑯その他の国内源泉所得</td><td>【総合課税】</td><td colspan="2">【総合課税】</td><td>無</td><td>無</td></tr>
</table>

（国税庁ホームページ：法第164条《非居住者に対する課税の方法》関係）

3　国内源泉所得か国外源泉所得かの判定

次に，最大の論点であり，日本での課税の根拠でもある「国内か国外か」を確認します。所得の種類によっては単純に物理的な場所ではなく，また租税条約で判定が異なるため要注意です。ここを整理すると，「国外源泉所得なので徴収不要だった」となるケースも結構あります。

4 租税条約の届出の必要性

最後に租税条約の届出の必要性について確認します。基本的に国内法と租税条約で税率等に相違がある場合，租税条約の適用を受けるための届出が必要であるため，そちらも確認します。

3 翻訳料の支払の場合

それでは，外資企業に多い翻訳料の支払を例にとって解説していきます。

1 概　　要

外資企業によくある翻訳料の支払に関する源泉徴収に関して考えてみます。なお，翻訳については，非居住者でなく，居住者の場合も全く違う根拠で所得税の源泉徴収義務があるため，ややこしくなりますが注意が必要です。顧客の担当者などは，たまに非居住者の源泉徴収と，居住者の翻訳の源泉徴収をごっちゃにしている場合もあります。

2 居住者への依頼か非居住者への依頼か？

翻訳料を支払う場合，居住者へ支払うか，非居住者へ支払うかを確認する必要があります。これはあくまで「居住者か？　非居住者か？」であり，翻訳者が「日本人か？　外国人か？」というのは関係がありません。単純な話ですが，たまに混乱しそうになる場合があるため注意しましょう。アメリカに住んでいる日本人に翻訳を依頼したら，非居住者への依頼になりますし，日本に住んでいる中国人に翻訳を依頼したら居住者への依頼となります。居住者への依頼の場合は，後述しますので，まずは，本題である非居住者への依頼の場合を考えていきます。

3 非居住者の場合（翻訳はどの所得に該当するか？）

非居住者の場合，源泉徴収の必要性を検討しなければならないことになりますが，租税条約等は相手の居住国に応じて確認するとして，次のステップとして，「どの所得に該当するか？」という点が問題になります。

4 二次的著作物か？

所得税法上は，著作物を翻訳した場合，二次的著作物として著作権が発生し，著作権の使用料に該当することとされています。

【非居住者に支払う翻訳料】

［照会要旨］

A社では，韓国居住の大学教授に対して日本語で書かれた論文の韓国語訳を依頼しています。その対価を支払うに当たり所得税の源泉徴収の対象となりますか。

なお，翻訳文は，買取りの契約になっています。また，翻訳文による論文は，出版し，各図書館に無料配布します。

［回答要旨］

当該対価の支払に当たっては，所得税の源泉徴収を要します。

論文（原著作物）を翻訳した場合には，その翻訳文は二次的著作物とされます（著作権法第２条第１項第11号)。本件の翻訳に係る対価は，翻訳が買取契約になっていることから，その著作物の権利の譲渡の対価であり，所得税法第161条第１項第11号ロ《国内源泉所得》及び日韓租税条約第12条に掲げる使用料に該当します。

［関係法令通達］

所得税法第161条第１項第11号ロ，日韓租税条約第12条第５項

注記

令和２年８月１日現在の法令・通達等に基づいて作成しています。

この質疑事例は，照会に係る事実関係を前提とした一般的な回答であり，必ずしも事案の内容の全部を表現したものではありませんから，納税者の方々が行う具体的な取引等に適用する場合においては，この回答内容と異なる課税関係が生ずることがあることにご注意ください。

(国税庁ホームページ)

ゆえに，使用料所得として源泉徴収の税率を確定することになります。

5 届　　出

租税条約締結国で，所得税法と取扱いが異なり，税率が所得税法より低い場合などは，租税条約に関する届出書を提出する必要があります。

【手続名　租税条約に関する届出（使用料に対する所得税及び復興特別所得税の軽減・免除)】

［概要］

我が国と租税条約を締結している国の居住者（法人を含みます。）が，支払を受ける工業所有権又は著作権等の使用料について，租税条約の規定に基づき源泉徴収税額の軽減又は免除を受けるために行う手続です。

［手続根拠］

租税条約等の実施に伴う所得税法，法人税法及び地方税法の特例等に関する法律の施行に関する省令第２条～第２条の５，第９条の５～第９条の９

［手続対象者］

上記［概要］欄の源泉徴収税額の軽減又は免除を受けようとする者

［提出時期］

最初に使用料の支払を受ける日の前日までに提出してください。

［提出方法］

使用料の支払者ごとに届出書を正副２部作成して使用料の支払者に提出し，使用料の支払者は，正本を，その支払者の所轄税務署長に提出してください。この届出書の提出後その記載事項に異動が生じた場合も同様です。

［手数料］

不要です。

［添付書類・部数］

1　適用を受ける租税条約の規定が特典条項の適用対象となる規定である場合には，「特典条項に関する付表（様式17）」（同様式に規定する添付書類を含みます。）を添付してください。

2　適用を受ける租税条約に両国間で課税上の取扱いが異なる事業体に関する規定がある場合には，次の点にご注意ください。

⑴　外国法人が支払を受ける使用料であって，租税条約の規定によりその株主等の所得として取り扱われるものについては，相手国の居住者である株主等（その株主等の受益する部分に限ります。）の所得として取り扱われる部分についてのみ租税条約の規定の適用を受けることができます。これに該当する外国法人は，次の書類を添付してください。

①　外国法人が支払を受ける使用料が，相手国の法令においてその株主等の所得として取り扱われる場合には，その株主等が課税を受けていることを明らかにする書類（該当する場合のみ添付してください。）

②　「外国法人の株主等の名簿（様式16）（PDFファイル/115KB）」

③　その租税条約の適用を受けることができる株主等がその外国法人の株主等であることを明らかにする書類

④　相手国の権限ある当局の株主等である者の居住者証明書

なお，この場合には，「特典条項に関する付表（様式17）」（その添付書類を含みます。）については，３の各株主等のものを添付してください。

(2)　相手国の居住者に該当する団体であって，日本ではその構成員が納税義務者とされる団体の構成員（その団体の居住地国の居住者だけでなく，それ以外の国の居住者や日本の居住者も含みます。）は，この届出書に次の書類を添付してください。

なお，その団体の構成員のうち特定の構成員が他のすべての構成員から「相手国団体の構成員の名簿（様式16）（PDFファイル/115KB)」に記載すべき事項について通知を受けその事項を記載した「相手国団体の構成員の名簿（様式16）（PDFファイル/115KB)」を提出した場合には，すべての構成員が届出書を提出しているものとみなされます。

①　団体が支払を受ける使用料が，居住地国の法令においてその団体の所得として取り扱われる場合には，その団体が課税を受けていることを明らかにする書類（該当する場合のみ添付してください。)

②「相手国団体の構成員の名簿（様式16）（PDFファイル/115KB)」

③　②に記載された構成員が使用料の支払を受ける団体の構成員であることを明らかにする書類

④　相手国の権限ある当局の団体の居住者証明書

なお，この場合には，「特典条項に関する付表（様式17）」（その添付書類を含みます。）は，使用料の支払を受ける団体のものを添付してください。

3　この届出書を納税管理人以外の代理人によって提出する場合には，その委任関係を証する委任状をその翻訳文とともに添付してください。

（注）　この届出書に記載された事項その他租税条約の規定の適用の有無を判定するために必要な事項については，別に説明資料を求めることがあります。

（国税庁ホームページ）

6　復興特別所得税はかからない

なお，細かい点ですが，上記届出書を提出した場合は，復興特別所得税はかからないこととされています。

7　居住者への翻訳料の支払の場合の源泉

上記（徴収）と全く違う根拠で，翻訳の場合は居住者でも個人に支払うものは，源泉徴収が必要となります。これは，報酬・料金等（国税庁ホームページ）に対する源泉徴収の規定を根拠とするものです。士業に対する報酬の支払と同様，支払先が個人であれば10.21%（100万円を超える場合は20.42%）を源泉徴収するものです。

8　納期特例は適用なし

なお，ここでひとつ落とし穴があります。士業への源泉徴収と同じということで，源泉徴収所得税の納期特例の適用がありそうな気がするのですが，納期特例の対象は限定列挙となっており，納期特例の適用はないので，注意が必要です。先述の「非居住者への給与の支払」とは逆の勘違いが生じそうな論点ではあります。

9 まとめ

上記翻訳料の関係をまとめると以下のようになります。

図表12-3 翻訳料支払に関わる源泉徴収

区分	所得税法の源泉徴収	納期特例
非居住者への翻訳料の支払	必要（使用料）	適用なし
非居住者への給与の支払	必要（給与）	適用あり
居住者（個人）への翻訳料の支払	必要（報酬）	適用なし

上記のとおり，単なる翻訳料の支払でも，実はかなりやっかいです。外資企業，外国法人は往々にして身軽で，この手の翻訳は彼らの人的ネットワークを通じて会計事務所への相談もないまま軽々とやってしまい，かつ，金額も少ないため，顧問税理士としては「金額の割に手間がかかる」というなかなか頭の痛いところではあります。

4 事　　例

それでは事例を見ていきます。

【A社の基本状況】

① 外国法人出資の日本法人A社が顧問先
② 日本法人は全て外国人
③ 業務上，必要な翻訳業務は，外注に出している

1 翻訳業務の発生

A社の社員は全て外国人スタッフであり，全て本業のためのスタッフであ

るから，日本語の翻訳業務などは，外部に発注しています。月次の記帳を行う中で，国内の個人のフリーランスの翻訳業者への支払があることを発見しましたが，源泉徴収がなされていませんでした。

2 源泉徴収の必要性の説明と実施

源泉徴収の必要性について，親会社財務部にも説明し，当初は本国にない制度であったため，「なぜ源泉徴収が必要なのか？」という点について理解してもらうのが難しい部分もありました。しかし，規定を丁寧に説明する等して，最終的にコンプライアンス重視の親会社の理解を得て，源泉徴収をしてもらうこととなりました。また，非居住者に依頼した場合は別のロジックで源泉徴収が必要になり，租税条約に関する届出も必要になる旨を説明し，面倒だなとは感じられつつも，会期事務所側が規定に精通していることも含めて理解してもらいました。

また，翻訳の源泉徴収は納期特例の対象でないことも理解してもらい，毎月翻訳費用の支払が発生した場合はその情報を早めにもらい，原則納付で翌月月初10日までに納税してもらうルーティンとすることとしました。

5 見過ごしがちだが少額でもまずは正攻法の説明を

翻訳の源泉徴収は，日本人の税理士でもうっかり見過ごしがちな論点であり，ましてや慣れない外資企業にとっては，金額も小さいことから気付きにくい論点です。一方で，外資企業はコンプライアンス重視のところも多いため，説明すると少額であっても税法どおりやりたいという場合が多いため，説明がもれないようにしたいところです。

第13章 非居住者である駐在員が日本から出国できなくなった場合の税務上の取扱い

2020年はコロナによる未曾有の事態に直面した年でした。海外展開する企業は，大きな影響を受けており，中でも海外現地駐在員は，非常に厳しい環境に置かれているといえます。なにせ，駐在していても容易に日本に戻ることはできず（戻れない，あるいは，日本に戻ってしまうと再度赴任地へ入国することが困難になる等），一時的に日本に戻っていれば，そのまま国境が実質的に封鎖状態となり，一時帰国したまま赴任地に戻れなくなった方もいました。

本章では，そうした特殊な状況に置かれた海外駐在員（非居住者が国内に足止めされ，日本から出国できなくなった場合等）の税務について，最も日本人駐在員が多い中国を例に解説します。

1　2020年の中国駐在員の税務

1　春節休暇から事実上の国境封鎖へ

中国駐在員が日本から出国できなくなったよくあるパターンは，春節休暇で日本に帰国し，その後コロナにより，日中の入出国が制限されるようになり，そのまま日本から出国できなくなったというものです。「いつ中国に戻れるのか？」という状況が2020年の春先から続いていましたが，2020年の秋にようやく就労ビザを持つ駐在員は戻れることになりました。

2　中国新個人所得税法による居住者の定義

こういった場合，日本人駐在員はどこの国の居住者になるのでしょうか。

図表13-1　2020年の中国駐在員の動き

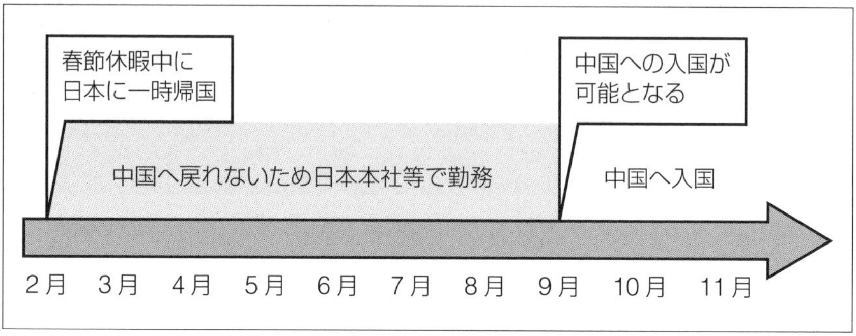

中国の新個人所得税法では，居住者の定義が「中国国内で満183日居住」となっており，この基準で判定することになります。そうすると，理論的には中国駐在員が今年に限っては中国滞在期間が少ないため中国非居住者となることもあり得ます。その場合は，中国では非居住者として申告することとなります。

図表13-2　通常の年との比較（居住者の定義）

通常の年との比較	通常の年	2020年
中国個人所得税法上の居住者，非居住者	居住者（赴任年帰任年を除く）	中国滞在日数が，少ないため，非居住者

2　日本の所得税法上の取扱い

1　日本の所得税法上の居住者の定義

一方，日本の所得税の居住者の定義は，「国外において継続して1年以上居住することを通常必要とする職業を有すること」という抽象的なものです。ゆえに，この状況下で，春先から秋口までべったり日本にいても，秋に中国に戻っているのであれば「日本の非居住者だ！」という考え方はあり得るでしょう。いったんは足止めをくらったにせよ，秋口に中国に戻ったような駐在員は「日本の非居住者」とする処理が妥当です。

2　注意点は日本国内負担給与

ただし，日本国内負担給与がある場合は，日本の非居住者であっても日本滞在期間分については日本での課税は免れないため注意が必要です。また，日本国内滞在期間が183日を超えると日中租税条約の短期滞在者免税の規定の適用がなくなるため，日本の非居住者であったとしても，国内負担，国外負担問わず日本国内源泉所得は全て課税となります。ゆえに，2020年の中国駐在員については日本でもかなり複雑な申告となる場合もあり得ます。

図表13-3　通常の年との比較（源泉所得）

通常の年との比較	通常の年	2020年
日本での国内源泉所得	短期滞在者免税の適用があれば日本国内負担分のみ課税	短期滞在者免税の適用がない場合，日本国内負担，国外負担共に課税

3　2020年の中国駐在員の取扱い

日本側の税務は上記の取扱いとなりますが，中国の税務ではどうなるのでしょうか。

まず，中国では2019年から日本の所得税に相当する個人所得税について大きな改正があり，その改正が今回の取扱いにも大きな影響を及ぼしています。まずは改正の概要について見ていきます。

1　中国新個人所得税法概要

中国では，2019年１月１日から新個人所得税法が施行され，従来と計算方法，控除の種類等が大きく変わっています。具体的には，特別付加控除制度等の導入，年次計算や累積予納法による計算です。日本の所得税制度にも似た年次の計算方式や各種控除制度の導入により，従来は非常にシンプルであった計算方式が，日本の所得税のような計算方式に近づいています。

また，中国人，外国人の控除額が統一され，外国人独自の免除項目は廃止される方向となり，2021年12月31日までは，居住者に該当する外国人は外国人への経済的利益供与の免税取扱い（住宅手当等）と，特別付加控除制度との選択適用となり，2022年１月１日からは特別付加控除のみ適用できることとなりました。そのほか，居住者の定義が具体的になった点，全世界所得課税となる永住者の基準が６年以上となったという点が主要な改正点です。

上記の詳細内容と，2020年の中国駐在員への影響は，以下のとおりです。

⑴ 計算方式（月次計算から年次へ）

従来の中国の個人所得税は毎月の月次申告で税額計算が完結していました。しかし，新個人所得税法では年次計算の概念が導入され，年次で最終的な税額が確定することとなりました。なお，居住者については，累積予納法という方法が採用されており，毎月その時点での正しい税額に引き直すような計算方法であり，日本的な感覚でいうと毎月年末調整をしているようなユニークな計算方法となっています。

ここで問題になってくるのは，コロナの影響で日本滞在期間が長かった駐在員が，非居住者となり，居住者と算式が異なってくるという点です。

⑵ 控除項目

控除項目も従来は，基礎控除が中国人月3,500元，外国人4,800元となっていたのが，一律月5,000元の基礎控除となりました。また，改正前の控除は，基礎控除と社会保険料控除等のみでしたが，特別付加控除として６項目が新たに導入されました。特別付加控除の内容は，

① 子女教育費

② 継続教育費

③　重大疾病医療費
④　住宅ローンの利子費用
⑤　住宅家賃
⑥　高齢者扶養

です。これは居住者のみ適用が受けられることになります。

(3)　居住者の定義と計算方式

居住者の定義も具体的になり，中国で暦年に183日以上滞在する者は居住者となることとなりました。

(4)　永住者の基準が6年以上に

外国人居住者については，従来5年以上滞在者が永住者として全世界所得課税（5年未満は一定の条件のもとに国外払い国外源泉所得は不課税）でしたが，その期間が6年以上に変更となりました。また，当該6年のカウントが2019年から一律に開始されることとなりました。

図表13-4　新旧改正項目比較

項目	改正前	改正後
①控除	社会保険料控除基礎控除等のみ	6項目の特別付加控除新設
②計算期間	月次計算	年次計算（非居住者は月次計算）
③中国国内に住所を有しない居住者の定義	満1年間中国に居住	満183日中国に居住

2　2020年の中国駐在員への影響

日本人出張者，駐在員にとっても，居住者の定義，計算方法が大きく変化することとなったことから，今回の中国駐在員のケースの場合，「駐在員であっても，中国税務上は非居住者となる」ケースが出てきます。居住者の定義については，以下のとおりとなっています。

3 新個人所得税法による居住者の定義

居住者の定義は，中国国内に住所を有しない者については，従来は「中国で満１年居住」であったのが，改正個人所得税法では，外国人は１年間の滞在日数が183日以上である場合は，居住者となることとなりました。これにより，従来は非居住者となっていた出張者などは居住者に分類されることになりました。

また,居住者と非居住者では計算式が異なることとなりました。居住者は,新個人所得税法による原則的な計算方式で，新設された特別付加控除が認められています。一方，非居住者の計算算式は，シンプルに基礎控除のみであり，特別付加控除はありません。ゆえに，同じ駐在員でも年の滞在日数により，居住者に該当する年と，非居住者に該当する年が発生する可能性があります。また，日本の所得税法上居住者である出張者も，183日を超過すれば中国の居住者となるため，日本と中国で「二重居住者」となります。また，その逆もしかりで，駐在員であっても何かの事情で中国滞在期間が183日未満であれば，中国では非居住者となり，「二重非居住者」となることもあります。

ゆえに，今回のような「中国滞在期間が短くなってしまった駐在員」は中国の税法上は，非居住者に分類されることとなり，日本でも非居住者，中国でも非居住者となる二重非居住者になる可能性が高いといえるでしょう。「二重非居住者になって何が悪いのか？」ということですが，中国では控除が使えないことにより個人所得税の額が居住者より高額になることと，二重

図表13-5 駐在員の中国滞在期間が183日以上，未満の場合の個人所得税の相違

駐在員の１年の中国滞在日数	中国滞在期間 183日未満 （赴任年，帰任年など）	中国滞在期間 183日以上 （駐在２年目以降等）
居住者，非居住者区分	非居住者	居住者
計算方式	非居住者として計算， 月次源泉徴収	年次計算（累積予納）

非居住者であるため，外国税額控除がどちらの国でも使えないという点がデメリットとなることになります。

4 事　　例

それでは事例を見ていきます。

【基本状況】

① 中国に子会社を持つ日本企業
② 中国子会社駐在員は日本人１名
③ 2020年の同上の中国駐在員の状況
(1) 春節休暇中に日本に一時帰国していたが，その後一時的に中国へ戻ることができなくなった。
(2) ９月に中国へ入国することができ，中国での任務に復帰した。

1 日本側税務

日本の非居住者であるため，年初は通常申告していません。しかし，日本滞在期間が長くなり，日本滞在期間が183日以上となり，日中租税条約について短期滞在者免税の適用がなくなることとなったため，本社財務部と相談の上，日本滞在分については，非居住者の日本国内源泉所得として申告することとしました。

2 中国側税務

年初は，中国居住者として申告をしていましたが，中国に戻った時点で2020年の中国滞在日数が183日に満たないため，中国でも非居住者として申告をすることとなりました。

5　二重非居住者と短期滞在者免税の不適用

上記のとおり，2020年については，両国の税法を厳密に解釈すると，二重非居住者かつ，日本側で短期滞在者免税の適用がなくなるため，海外駐在員であるのに課税が生じる可能性があるという特殊な取扱いとなります。

一般的な感覚と異なるため，2020年のような特殊な状況の場合は，改めて基本に立ち戻り，それぞれの国での居住者の定義，租税条約，計算方法を確認していくことが重要です。

索　引

【た】

【な】

【は】

【ま】

【や】

【ら】

参考文献

『外資系企業の税務Ｑ＆Ａ』中田幸康（中央経済社）

『外国人労働者の採用・雇用をめぐる実務相談Ｑ＆Ａ』若松絵里（清文社）

『外国人･外資系企業の日本進出支援実務Ｑ＆Ａ』汐留パートナーズグループ（日本法令）

『Ｑ＆Ａ　海外出張・出向・外国人の税務（第２版）』徳山義晃・森村元（税務経理協会）

『Ｑ＆Ａ　海外進出・海外子会社・越境取引の税務』徳山義晃・森村元（税務経理協会）

『事例でわかる国際源泉課税』牧野好孝（税務研究会出版局）

『税務六法』日本税理士連合会（ぎょうせい）

『中国子会社の清算・持分譲渡の実務』森村元（税務経理協会）

『中国税務総覧』プライスウォーターハウスクーパース（第一法規株式会社）

著者プロフィール

森村　元（もりむら　はじめ）

森村国際会計事務所　合同会社誠実国際経営支援研究所　代表　税理士・行政書士

2005年マイツグループ入社。

2009年～2013年　中国大連に駐在し，総経理等歴任。

2015年　森村国際会計事務所を開業。

2018年　インバウンド業務の増加に伴い，森村国際行政書士事務所を開業。

日本の税理士知識と，海外現地での実務知識の融合を得意としている日本人税理士，行政書士。日本企業のアウトバウンドビジネス，外国企業の日本へのインバウンドビジネスのサポートを親会社，現地子会社と密接にコミュニケーションをとりながら行っています。

森村国際会計グループ

海外へ進出する日本企業，日本へ進出する外国企業のサポート，相続対策を得意とする国際会計事務所，行政書士事務所。中国語，英語対応可能。

http://morimurakokusaikaikei.com/

【著書】

『中国子会社の清算・持分譲渡の実務』（税務経理協会）

『Ｑ＆Ａ　海外出張・出向・外国人の税務（第２版）』（税務経理協会）

『Ｑ＆Ａ　海外進出・海外子会社・越境取引の税務』（税務経理協会）

著者との契約により検印省略

令和4年4月10日　初　版　発　行

中国・アジア企業
外資・外国人への
税務支援入門

著　者　森　村　　元
発行者　大　坪　克　行
印刷所　株式会社技秀堂
製本所　牧製本印刷株式会社

発行所　〒161-0033 東京都新宿区下落合2丁目5番13号　株式会社 **税務経理協会**
振　替　00190-2-187408　電話 (03)3953-3301（編集部）
F A X (03)3565-3391　(03)3953-3325（営業部）
URL　http://www.zeikei.co.jp/
乱丁・落丁の場合は，お取替えいたします。

ISBN978－4－419－06847－9　C3032